広がる高速鉄道
新幹線60年の変遷

広がる新幹線ネット

　1964年に東海道新幹線が誕生してから60年。新幹線は日本全国に広がり続けている。

　都市間を高速に結ぶことで、人流も文化も流通も大きく姿を変えた。また航空機よりも手軽に活用できる側面も大きく、距離と切符によっては途中下車も可能なことから「旅」への訴求力も大きい。

　本書ではそんな新幹線の建築から開業までの動きをビジュアルで追った。このページでは60年で広がったネットワークを紹介しよう。

目次

広がる新幹線ネットワーク・・・・・・・・ 2
新幹線構想のある路線 ・・・・・・・・・・ 4

【各新幹線】
モデル線 ・・・・・・・・・・・・・・・・ 6
東海道新幹線 ・・・・・・・・・・・・・・ 8
山陽新幹線 ・・・・・・・・・・・・・・ 26
東北新幹線 ・・・・・・・・・・・・・・ 48
上越新幹線 ・・・・・・・・・・・・・・ 80
北陸新幹線 ・・・・・・・・・・・・・・ 104
山形新幹線 ・・・・・・・・・・・・・・ 120
秋田新幹線 ・・・・・・・・・・・・・・ 128
九州新幹線 ・・・・・・・・・・・・・・ 136
北海道新幹線 ・・・・・・・・・・・・・ 150
西九州新幹線 ・・・・・・・・・・・・・ 164

●コラム
変わりゆく車内設備 ・・・・・・・・・・ 78
騒音対策の進化 ・・・・・・・・・・・・ 100
雪と新幹線 ・・・・・・・・・・・・・・ 102
幻の新幹線駅 ・・・・・・・・・・・・・ 117
ミニ新幹線とスーパー特急 ・・・・・・・ 118
消えた成田新幹線 ・・・・・・・・・・・ 135
並行在来線各社 ・・・・・・・・・・・・ 174

2015 北陸新幹線　金沢延伸

2024 北陸新幹線　敦賀延伸

2022 西九州新幹線　先行開業

2011 九州新幹線　全線開業

2004 九州新幹線　先行開業

1972 山陽新幹線　岡山開業

1975 山陽新幹線　全線開業

ワーク

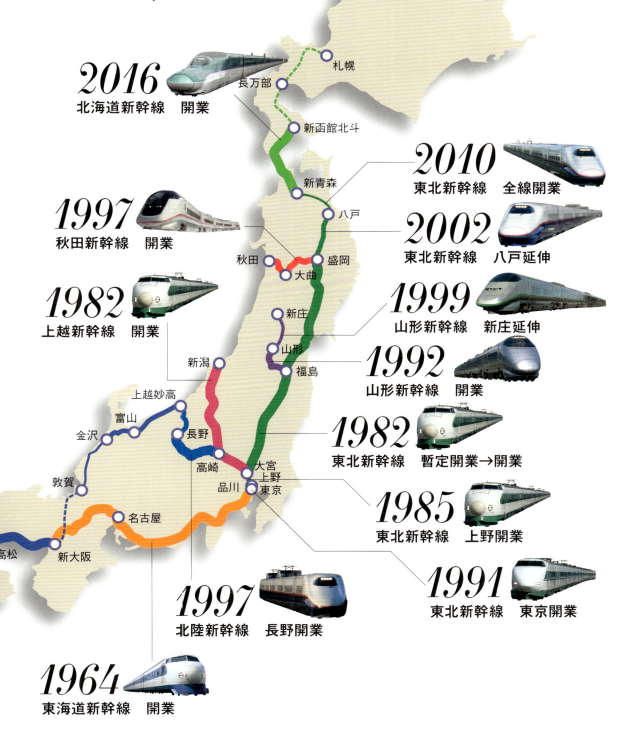

新幹線構想のある

　現在建設中の北海道新幹線・札幌延伸、詳細ルート選定中の北陸新幹線・新大阪延伸、ルート協議中の西九州新幹線・新鳥栖〜武雄温泉間が進行中の新幹線となる。

　これ以外にも1973年公示の「建設を開始すべき新幹線鉄道の路線を定める基本計画」として、計画のあるものが複数ある。四国新幹線、奥羽新幹線などは整備新幹線へ向けて活動が活発なようだ。また整備新幹線ではないが、北海道新幹線の函館駅への乗り入れ誘致の話も出ている。

四国新幹線
四国横断新幹線

　2024年9月29日、愛媛県にあるJR松山駅がリニューアルして高架化となる。これは愛媛県が主導した都市計画の一環によるものだが、同時に新幹線へ向けての機運も高まっている。

　四国新幹線は「四国新幹線」「四国横断新幹線」の2つを合わせたもので、前者は大阪を起点に淡路島から鳴門海峡を渡り、徳島、高松、松山を結び、佐田岬あたりから大分を結ぶ海を渡る新幹線だ。総工費は約4兆円とされる。

　四国横断新幹線は、岡山〜高知を結ぶ路線で、こちらも瀬戸大橋によって海を渡る新幹線となる。山陽新幹線との乗り入れを想定しており、総工費は約0.73兆円。

　四国四県をはじめとした行政や経済団体などによって「四国新幹線整備促進期成会」が立ち上げられており、実現へ向けた活動が行われている。

JR松山駅に掲示されている、四国新幹線誘致の看板

開業直前の瀬戸大橋。橋の内部は、新幹線と在来線がそれぞれ複線で通れるように、幅を持たせて作られている

中国横断新幹線

　岡山と松江を新幹線で連絡しようという計画で、2019年に中国横断新幹線（伯備新幹線）整備推進会議が設立され、「伯備新幹線」という名称でPR活動をしている。

山陰新幹線

　その名の通り山陰をつなぐ路線で、新大阪を起点に、鳥取、松江を通り、新下関を結ぶという路線だ。2013年に山陰縦貫・超高速鉄道整備推進市町村会議が設立され、活動している。

九州横断新幹線

　大分〜熊本をつなぐ新幹線。四国新幹線と連絡しての運用が期待されている。

東九州新幹線

　福岡から九州を東寄りに鹿児島までを結ぶ路線。日豊本線沿いに、小倉〜大分〜宮崎〜鹿児島中央を結ぶ路線と、久大本線沿いに新鳥栖〜大分〜宮崎〜鹿児島中央の2ルート案がある。大分県の調査では、概算事業費はいずれも8,200億前後の試算が出ている。

路線

北海道南回り新幹線

長万部～室蘭～札幌を結ぶ新幹線。主だった動きはないが、北海道新幹線の札幌延伸の後に、長万部からフリーゲージトレインで室蘭や登別に向かうなどの調査研究が行われている。

奥羽新幹線 / 羽越新幹線

いつの間にか連携した動きになっていたが、福島～秋田を結ぶ奥羽新幹線、富山～青森を結ぶのが羽越新幹線だ。

前者はすでに新幹線が通っていると思いがちだが、ミニ新幹線ではなくフル規格の新幹線で通したいという構想だ。現在の山形新幹線とほぼルートは同じで、さらに新庄～秋田間をつなぐといった形だ。

羽越新幹線は日本海側を結ぶ路線で、実際に在来線ではかなりのんびりと進まなければならないエリアも存在するため、地元で求められているのもわかる。

函館乗り入れ

北海道新幹線は、2031年度以降の開業を目指して工事中だ。現在の終点は新函館北斗となるが、函館駅からは遠く、はこだてライナーの快速で約15分の距離となる。これは函館駅の位置が、海に突き出た陸繋島にあるためで、そもそも新幹線のルート的に函館駅を通れなかったためだ。

2023年、函館市長に当選した大泉潤氏は、新函館北斗から函館への新幹線乗り入れ調査を開始。本州からの新幹線は新函館北斗でのスイッチバックにて乗り入れ、札幌からは直通で乗り入れという方向だ。

新函館北斗～函館間の在来線を三線軌条とし、フル規格の新幹線をそのまま、あるいは新函館北斗で切り離したミニ新幹線を乗り入れる（もしくは北海道～函館のみのミニ新幹線）、というパターンを想定。整備費に約170億円かかるという試算が出ている。現在のところ、JR北海道的は否定的だ。整備費の中に車両費が含まれていないためだ。周知のとおりJR北海道の経営はギリギリのところを推移しており、新たな投資は困難との見方だ。

現在道南いさりび鉄道が使う1、2番ホームを活用することが想定されている

中央新幹線

東海道新幹線とは異なるルートで東京～甲府～名古屋～奈良～大阪を結ぶ新幹線の計画。

現在はJR東海のリニア中央新幹線がこの案に近いルートで路線を建設中だ。

北陸・中京新幹線

敦賀～名古屋間を結ぶ新幹線の計画。現在のところ、特段の動きはないようだ。

↓A編成

　新幹線の各種試験を行うために用意されたのがモデル線だ。特に210km/hでの高速走行は現実的に可能かどうか、机上の論理では出来上がっているものの実車を走らせて試す、という目的があった。またロングレールとPC枕木による軌道、高速走行時の架線や集電の具合、車両性能と耐久性、トンネルの空気抵抗などの調査や、運転士の養成の目的もあった。

　現在は東海道新幹線の路線の一部になっているが、高座渋谷駅と境川の間ぐらいから、小田原駅と早川の間くらいまでの36.5kmがモデル線として当初計画されていた。これは大部分が戦前に用地買収が済んでいたこと、鴨宮で東海道本線と近接しており車両の搬入に都合がよいとされたためだ。しかし移転補償が難航したり、道路との平面交差の問題、弁天山トンネルでの出水などで遅れ、1962年6月23日の試運転開始の際には鴨宮～生沢間の10.6kmまでで、酒匂川～綾瀬間で全線開通したのは、1962年10月31日だった。

　また、現在のJR東海鴨宮保守基地のあたりに、モデル線管理所が作られ、車両基地となっていた。

　試験車両は1000形とよばれる、0系のプロトタイプとなる車両で2両編成の「A編成」と4両編成の「B編成」の2つの編成で試験が行われている。またこれらを連結しての走行試験なども行われた。1963年3月30日の走行テストでは、256km/hを記録し、1000形での最高速度を記録している。

　こうした様々な試験の果てに東海道新幹線が開業した。

↑B編成

1962
すべての新幹線はここから始まった
高速走行できる電車の開発と試験用の路線

モデル線

モデル線での試乗風景。写真左に、新幹線を強固に推し進め、実現に導いた当時の総裁・十河信二氏。右から二番目で手を伸ばしているのが、東海道新幹線のルートを歩いて確定したという大石重成新幹線総局長

2両で作られたA編成。スカートの塗装と、サイドに入るラインが後の0系とは異なっているのがわかる

一度は国鉄を去ったものの、新幹線開発のために戻り、車両の設計開発を行った技師長の島秀雄氏

1964

1964年の東京オリンピックに合わせ、
開業した最初の新幹線

東海道新幹線

　営業用列車として、世界で初めて210km/hでの運行を行った新幹線の始祖路線。

　新幹線開業以前は、東海道本線の東京〜大阪・神戸間は、電車特急『こだま』などが結んでいた。これは1958年に登場した、国鉄初の電車特急で、最高速度は110km/h。東京〜大阪間を6時間40分で結んでいた（当初は6時間50分）。途中停車駅は横浜・名古屋・京都のみ。1日2往復だけの列車だった。これが東海道新幹線の開業により、3時間10分と大幅に短縮した（最初の1年1ヶ月の軌道整備の遅れや初期故障を考慮して最速4時間だった）。

　当初は『こだま』と『ひかり』の2種類だけだったが、1992年に『のぞみ』が登場。現在では285km/h走行で2時間21分となっている。

特急『こだま』

0系『ひかり』『こだま』

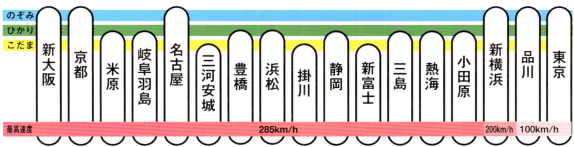

起点 ● 東京
終点 ● 新大阪
駅数 ● 17（当初 12 駅。後に 5 駅追加）
開業日 ● 1964 年 10 月 1 日
事業者 ● 国鉄 → JR 東海
営業キロ ● 552.6km
最高速度 ● 285km/h

主な出来事

東京駅初入線
1964年7月15日

　東海道新幹線の建設工事は突貫工事で進められた結果、開業78日前に東京駅への初入線となった。当日は東京〜新横浜間の入線試験が実施されており、東京駅18番線では品川に建設された東京運転所からの試験列車を歓迎するセレモニーが挙行されている。テープカットは車両の入線にあわせるように、ホームの中ほどでおこなわれた。

東海道新幹線開業
1964年10月1日

　東京発6:00の『ひかり』1号の発車に合わせて、盛大に挙行された出発式。『ひかり』1号には日立製作所で製作されたH2編成が充当されている。壇上でテープカットしたのは当時の国鉄総裁である石田禮助氏。出発式は新大阪でも『ひかり』2号（汽車製造製K6編成）の発車にあわせ盛大に挙行され、テープカットは当時の八木国鉄関西支社長がつとめた。

ひかり16両編成
1972年3月15日

　新幹線の輸送量は『ひかり』の伸びが大きく、輸送力の増強が必要であった。1970年に開催される大阪万博ではさらなる需要増加が見込まれており、1969年12月8日からは『ひかり』16両編成営業運転が始まった。組み替えは『ひかり』用編成30本が対象とされ、1970年2月25日に完了した。12両から16両に組み替えられた編成は識別用として編成番号の末尾に「A」が付けられた。

100系投入
1985年10月1日

　100系は国鉄末期の1985年10月1日に東京〜博多間の『ひかり』3号、28号の1往復で営業試使用が始まった。量産先行試作車であるX0編成を営業運転に投入し、量産に向けた利用者からの意見などを得る目的もあり、車内では頻繁にアンケートなどが取られている。出発式はセールスポイントとなった2階建て車両の位置（8・9号車）付近でおこなわれた。

のぞみ誕生
1992年3月14日

　300系では最高速度が270km/hに向上し、東京～新大阪間の所要時間はそれまでの最速2時間49分から2時間30分に短縮され『のぞみ』の愛称が設定された。当時2往復が設定されたうち下り初列車の『のぞみ』301号は、途中停車駅を新横浜のみとし、名古屋・京都を通過して話題となった。

品川開業のぞみ増発
2003年10月1日

　新幹線の増大する輸送量に対応するには増発が必要であったが、車両基地への入出庫が増発への障害であった。品川への駅設置は回送列車に影響を与えず増発が可能になる画期的な輸送改善であった。
　同時に営業用車両は270km/h運転が可能な車両（300系、500系、700系）に揃えられ、速度のボトムは270km/hに向上し『のぞみ』中心のダイヤが導入された。

最高速度285km/hへ
2015年3月14日

　N700系は起動加速度の向上と車体傾斜システムの導入による曲線通過速度の向上により、最高速度を引き上げることなく東海道新幹線区間の所要時間短縮が実現した。2013年2月に営業運転を開始したN700A（N700系1000番代）では、ブレーキ力の向上と車体傾斜システム活用区間の拡大で285km/hが可能になった。N700Aの機能の一部は既存のN700系にも導入され、2015年3月ダイヤ改正で一部列車の所要時間短縮が図られた。

進化を続ける
2020年3月14日

　2020年3月14日のダイヤ改正では、700系がN700系に置き換えられたことにより、すべての営業列車の最高運転速度が285km/hに統一された。この改正でダイヤパターンは「12-2-3」（のぞみ－ひかり－こだま）となり、東京発7～20時台・東京着9～22時台は1時間あたりの『のぞみ』が12本となった。東京～新大阪間の平均所要時間は2時間29分に短縮されている。

八重洲側の旧東京機関区用地などを転用して確保された東京駅。新幹線用には16〜19番線が確保されていたが、開業時点で16番線は未整備であった。

駅の開業前後

東海道新幹線では開業時に12駅が設置された。このうち単独駅は岐阜羽島のみで、11駅は在来線との併設となった。

1963年 東京駅

1968年に撮影された東京駅。ホームは16両編成用に増築されているが、仕上げがまだとなっている

1963年 新大阪駅

新大阪駅は大阪市淀川区宮原に設置された。戦前のいわゆる「弾丸列車計画」での大阪駅は写真左奥の東淀川駅付近を計画していた。在来線大阪駅への併設は用地確保や、山陽新幹線への延伸を考慮した結果放棄され、市街中心部からはやや離れた位置への駅設置となった。城東貨物線（現在のおおさか東線）交差部から新大阪駅へのアプローチは中島宮原用水路を暗渠化して確保したため急曲線となっている。

1964年 新大阪駅

竣工した新大阪駅。1964年時点では山陽新幹線の建設は決定しておらず、また新大阪駅引き上げ線もなかったことから終端方（画像左側）の高架橋は途切れた状態になっている。在来線新大阪駅は新幹線と在来線の乗り換え移動をシンプルなものとして新設された。駅周辺は大阪市の都市計画とリンクして大規模な開発が進められており、新大阪駅では大阪市営地下鉄（現在の大阪メトロ）御堂筋線と宮原客車区の入出庫線に挟まれた三角地帯を駅前広場・車寄せとして整備した。

1961年 有楽町

新幹線建設前の有楽町付近。新幹線用地は線路に並行する道路からの転用を主としており、低速区間とはいえ曲線半径400〜600mという急曲線を採用せざるを得なかった。

1963年 有楽町

新幹線の路盤工事が急ピッチで進められる有楽町付近。新幹線の高架橋は一部が私有地を支障して設置されており、民家の屋根をクリアするため変形状のものも採用されている。

1963年 新横浜

鶴見川の軟弱地盤を避けた山沿いに設置された、開業前の新横浜駅。現在は環状2号線や横浜市営地下鉄、東急・相鉄新横浜線が乗り入れ、ビルが建ち並ぶ市街地も、開業時は長閑な水田地帯だった。
新幹線と斜交する横浜線は、新幹線新横浜設置にあわせ駅前後区間の線路を付け替え、新幹線との交差部分に横浜線新横浜駅を新規設置した。

1964年 小田原

開業直後の小田原駅。駅用地の多くは戦前の「弾丸列車計画」（東京〜下関を9時間で結ぶ高速列車計画）で確保されていたものを転用したほか、小田急や民間の用地を新規に確保している。竣工時点でのホームは12両対応で、上屋は6両分を整備している。画像左側の新幹線と斜交する道路は県道73号線で現在も位置は変化しておらず、16両編成化のためホームを延伸したことがわかる。

1963年
新丹那トンネル

東海道本線の丹那トンネルと並行するように作られた新丹那トンネル。トンネル延長は7,959mで、東海道新幹線では最も長い。トンネルそのものは戦前のいわゆる「弾丸列車計画」で1941年8月に着工開始していたが、計画の中止により一部区間の覆工コンクリート施工と底設導坑の施工にとどまっていた。新丹那トンネルはこれを引き継ぐ形で1959年9月に工事着手し、1962年9月20日に導坑貫通、1964年1月に竣工した。

1963年
富士市

富士市内の高架橋区間。右側の東海道本線との交差区間と、左側の渡河部分は線路橋や橋梁が建設途中となっている。
沼津から富士川付近にかけてのルート選定は、地盤の悪い愛鷹南麓の平野部をどのように横切り、富士市と旧吉原市の市街地、都市港湾計画とリンクさせるかにあった。

1962年 静岡

建設中の様子だが、下りホームの一部分がすでに設置されている。
静岡駅は1935年の静岡大火で焼失し、復旧後の東海道本線ホームはいわゆる弾丸列車用に転用可能な設計であったが、転用されることなく新規に設計された。
右下隅に見える建物は静岡鉄道管理局庁舎（現在のJR東海静岡支社）。新幹線の高架橋は建設途上で、画像中央の高架橋が欠けている部分は専用線線路橋が架橋された。

1967年 日本坂

「弾丸列車計画」で着手され1944年10月に完成。東海道本線の短絡ルートに先行利用されたが、1962年9月に利用終了し新幹線用となった。

1963年 浜名湖

浜名湖に架けられた4橋のうち最も長い第3浜名橋梁（504m）。PCコンクリート桁が採用されたが、水深や潮流の影響に加え、重量の増加を抑える目的があった。

高架橋の建設が進む名古屋駅北方(新大阪方)。中央の一際高い高架橋は貨物用として先行整備された日比津乗越線路橋。貨物用設備は、「弾丸列車計画」で奥に見えるガスタンク付近に用地が確保されていたものを転用して計画されており、営業開始後の施工が困難であることを見越して線路橋のみ先行して建設されたものだ。

1962年 名古屋

↓長良川
↑名神高速

1962年 岐阜羽島

盛土の構築と駅部分の整備が進む岐阜羽島。「政治駅」として駅設置の必要性が話題になった岐阜羽島だが、当時の車両性能や将来の列車回数確保、さらに雪対策の面から見ると駅設置は必要不可欠であった。
　開業当時の岐阜羽島周辺は水田が広がる長閑な場所であり、駅へのルートになる県道の整備も未完成であった。

北陸本線との接続を考慮した駅設置で、駅利用者の大部分が北陸方面への乗り継ぎであるという点が考慮された結果、開業時点で画像右側の駅裏側に出入口は設置されていない。

1964年 米原

1963年 音羽山トンネル

滋賀県と京都府にまたがる5,044mのトンネル。左は新大阪方。計画当初は5,016mだったが、坑口付近直上を横断する名神高速道路との交差部分を箱形ラーメンで延長したため、延長が変更されている。

1963年 上牧

阪急京都本線と並行するエリア。新幹線の建設では、阪急の海側に、並行に新幹線用盛土区間を構築して一時的に阪急本線を新幹線路盤に移設したのち、阪急部分の盛土区間を構築して振り替えている。写真は並行区間終端の上牧付近を新大阪方から鳥瞰。

1963年 京都駅

駅位置は採用された在来線併設案のほか、京都駅から南方に約2km離れた南案、北側に約1.5km離れた烏丸大通の地下に設ける北案があった。併設案は在来線の客車留置線を転用することで一部が確保でき、駅前広場用地も京都市ですでに確保したものがあり、一般住戸の支障移転数は最も多かったが、在来線との乗り継ぎや市内へのアクセスなどが考慮された結果の採用となった。

駅部分の高架橋は途切れた状態となっているが、奈良電鉄（現在の近鉄京都線）、京都駅南口への連絡通路を見ることができる。

1964年 京都駅

開業直後の京都駅。通過線を持たない島式ホーム2面2線で構成されており、当初は『こだま』のみ停車で検討されていた。

京都以西のルートはほぼ八条通りに並行するように取られているが、梅小路付近では寺院の支障移転を避けるために山側に線路が振られている。

後から追加された駅

開業後、5駅が設置された。ここでは品川を除く三島・新富士・掛川・三河安城を紹介する。三島を除く3駅はいわゆる「請願駅」。これは駅設置に関係する費用を地元負担とすることや、駅設置にかかる諸問題を全て地元責任で解決することなどを条件としたものだ。

新富士・掛川・三河安城の3駅は1988年3月13日のダイヤ改正で同時開業を果たした。在来線を含め一路線で中間駅3駅が同時開業するという例は極めて少ない。

1969年 三島

三島そのものは1965年9月に折り返し線と電留線の使用が始まっており、東京〜熱海間に設定された臨時『こだま』の折り返しに利用されていた。
駅配線は折り返しを考慮した島式ホーム1面2線を通過線が抱き込む構造となっている。駅設置のため、上り本線は御殿場線との立体交差付近から線路を山側に振り替えて待避線用地が確保されている。

1988年 新富士

富士市川成島に設置された請願駅。
駅に関係する信号機器室や電源室などは従来から利用していたわずかな高架橋部分に集中させている。また、駅コンコース部分はかつて県道が通っていた。

本線・副本線の大部分は盛土となっており、この水路も盛土の下はカルバートとなっているが、ホームは高架橋でまたぐ。

請願駅の絶対条件となる2面4線。本線と副本線の間隔が広くなっていることから、非常用の渡り板中継台が設置されている。

県道174号線との交差付近。駅部分はわずかな高架橋部分を除き盛土構造になっている。ホームの大部分は高架橋で整理されている。

1988年 掛川

掛川市南西郷に設置された請願駅。2014年1月に復元竣工された在来線側の駅舎は鉄骨と木材で耐震化が図られており、見た目はかつての木造駅舎からほとんど変化していない。

副本線部分は盛土を拡大させて設置し、ホームは盛土部分から基礎杭を立てて設置する方式が採用され、のちに「掛川方式」と呼ばれる作りになっている。

駅部分の新旧比較。上は建設途中で、ホーム部分の高架橋が整備されつつある。下は竣工後のもの。ホーム上屋は東京方の4両分が設置されておらず、この状態は2024年現在も変化がない。上の画像でキハ20がいた位置には、天竜浜名湖鉄道の初代車両であるTH1形が見える。

ホーム部分は曲線半径3000mの区間に設置されている。駅進入側の分岐器は直線区間に設置する必要があり、この結果上下ともに副本線は約2500mという非常に長い距離となっている。

1988年 三河安城駅

安城市二本木町に設置された請願駅。安城市は明治用水に支えられて発展を遂げた農業先進都市であり、その取り組みから「日本のデンマーク」と準えられた。駅舎デザインも「日本のデンマーク」をイメージしたものになっている。

駅部分を下から見上げたところ。左側が本来建造された高架橋のもので、右側が駅ホーム設置のために新たに加えられた高架橋。構造の違いがよくわかる。

三河安城の本線部分は下り列車に対し6.3‰と-3.5‰の拝み勾配区間になっている。副本線部分をできる限りレベルとするため、副本線の東京方は分岐器付近から13‰勾配、さらに-3‰で本線と勾配を合わせている。

車両の変遷

東海道新幹線の営業用車両は開業時の0系（開業時は新幹線用電車と呼ばれていた）以降、2024年現在増備が続くN700Sまで7代に渡る世代交代を果たしている。

500系を除く各形式は増備段階での変更で番代区分を変更し、性能や機能のバージョンアップを図っているが、ここでは各形式の基本番代から車両を簡単に紹介する。

1964年 210km/h

東海道新幹線開業にあわせて投入された最初の新幹線形式。増備は1986年まで続き、最終的には38次に渡り3216両が製作された。画像は22次車までの特徴である側窓の大きい、いわゆる「大窓車」である。当初の最高運転速度は210km/hであったが、1986年11月ダイヤ改正で220km/hに引き上げられた。

0系

1985年 220km/h

100系

2代目形式。居住性の向上として、初めて普通車の回転リクライニングシートが採用されたほか、シートピッチの拡大が図られた。初期に投入されたX編成は2階建て食堂車とグリーン車が話題になった。
車両性能上は260km/h運転も可能であったが、地上設備の改善や騒音対策の面などから、東海道新幹線での最高運転速度は220km/hが維持されている。

1992年 270km/h

300系

100系で成し得なかった270km/h営業運転を実現するために開発された3代目形式。高速走行に特化するため、100系で採用されていた2階建て車両は導入されず、全車平屋車両が採用された。車体は普通鋼製からアルミ合金に変更され、100系と比較して約25％の軽量化を実現させている。

1997年 🌡 270km/h

500系

1996 年に JR 西日本が導入した 300km/h
営業運転が可能な 4 代目形式。東海道新幹線
での営業運転は 1997 年 11 月ダイヤ改正より。
300km/h 運転は山陽新幹線区間のみで、東海道新幹線区間は 270km/h。
東海道新幹線では異常時の編成変更を除いて『ひかり』『こだま』として
営業運転をおこなわなかった、真の『のぞみ』専用形式。

1999年 🌡 270km/h

700系

JR 東海と JR 西日本の共同開発で 1997 年に
登場した 5 代目形式。号車別車両定員を当時の
主力車両である 300 系と合わせることで柔軟な車両
運用に対応し、さらに最高運転速度も可能な限り向上させ、
山陽新幹線区間で 285km/h 運転を可能にしている。車両性能と
快適性、運用の効率化を高次元で実現したハイパフォーマンス車両。
2020 年 2 月末に東海道新幹線区間での営業運転を終えた。

2007年 🌡 270km/h

N700系

6 代目形式。JR 東海と JR 西日本の共同開発。
営業運転は 2007 年 7 月ダイヤ改正より。最高運
転速度は東海道新幹線区間では 270km/h。起動
加速度を向上させトップスピードまでの所要時
間を短縮、曲線半径 2500m の速度制限をクリア
するための車体傾斜装置を導入し最高運転速度
を向上させることなく所要時間の短縮を実現さ
せた。

2020年 🌡 285km/h

N700S

7 代目形式。「N700S」の「S」は「最高の」「究
極の」を意味する「Supreme」に由来する。
営業運転は 2020 年 7 月に始まり、2024 年現在
も増備が続いている。2028 年度までに JR 東海
所有 76 編成、JR 西日本でも 18 編成体制に拡
大する計画になっている。

新幹線開業で消えた列車、生まれた列車

逼迫している東海道本線の輸送需要への対処・高速化を目的として東海道新幹線は建設された。このため、東海道新幹線の開業以降は、在来線の列車において変更が行われることとなった。

東海道新幹線の開業で使命を終えて消えた特急、新たに生まれた特急、変更の行われた主な特急を紹介する。

消

特急こだま
東京～大阪・神戸
1958年～1965年

日本初の特急用電車として開発された20系（のちの151系）にて1958年11月1日に運転開始。東京～大阪、東京～神戸間を各1往復が設定された。東京～大阪間の所要時間は客車特急を40分短縮した6時間50分となり、東京～大阪を日帰り圏内とした。

特急おおとり
東京～名古屋
1961年～1964年

東京～名古屋間のビジネス需要に応える目的で設定された特急列車。上りは名古屋～東京間の初発、下りは東京～名古屋間の最終に設定され、それまでの準急利用から東京滞在時間を大幅に拡大させた。

特急富士
東京～神戸・宇野
1961年～1964年

四国連絡を担う特急列車。設定された2往復のうち東京～神戸間の1往復は『こだま』を立て替えたもの。東京～宇野間に設定された列車は、下りは東京発8:00で宇野着17:20、宇高連絡船21便を介して高松には18:40となり、東京から四国の日着を可能にした。

新 特急しおじ

新大阪〜下関
1964年〜1975年

1964年10月改正で新大阪〜下関間に1往復が設定された。下りは東京11:00の『ひかり』11号からバトンを受け新大阪15:20発、広島着20:13、下関着23:20のダイヤが組まれた。
1972年3月に山陽新幹線が開業すると、多くの山陽特急列車は始発駅を岡山に移したが、「しおじ」は廃止される1975年3月改正まで新大阪始発を維持した。

変 特急みどり

大阪〜博多→ 新大阪〜熊本・大分 ほか
1964年〜1975年

1961年に大阪〜博多間特急として登場。東京発の特急『第一こだま』と大阪駅にて10分で接続。乗り継ぐと博多に当日のうちに辿り着けた。新幹線開業後は新大阪発着となり「ひかり」と接続するダイヤとなった。1967年からは新大阪〜大分間となり、山陽新幹線岡山開業では、岡山発着が1往復増発。1975年の新幹線博多開業で廃止された。

特急はと/つばめ

新大阪〜博多 など
1964年〜1975年

国鉄が誇った名愛称「はと」「つばめ」も新幹線開業で山陽特急にコンバートされ、新大阪〜博多間となった。当初は直流専用の151系で運用され、九州の交流区間は機関車牽引で電源車としてサヤ420を介していた。

1972 岡山開業
1975 博多開業

行き詰まる山陽本線の輸送力を
打開するために建設された新幹線

山陽新幹線

　逼迫する山陽本線の輸送力を増強する「線路増設」として建設された新幹線路線。建設工事は特に輸送力の行き詰まりが近いとされた新大阪～岡山間を先行させた。

　新大阪～岡山間は1972年3月に開業した。新大阪～博多間は、1975年3月に開業した。

　山陽新幹線の設備は東海道新幹線建設時を教訓に、高速化を容易にするため曲線半径や縦曲線を大きく取り、勾配も緩やかになっている。また省力化設備として、岡山以西の区間ではスラブ軌道を本格的に採用していることが特徴。

　当初210km/hだった運転速度も2024年現在は300km/hまで引き上げられており、2024年現在新大阪～博多間の最速列車は2時間21分で山陽新幹線区間を走破している。

特急『はと』

0系
『ひかり』
『こだま』

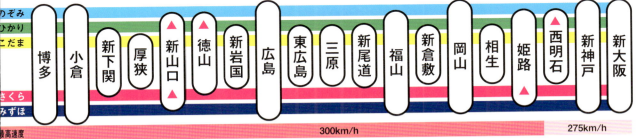

起点●新大阪
終点●博多
駅数● 19（当初 16 駅。後に 3 駅追加）
開業日● 1972 年 3 月 15 日（岡山開業）
　　　　 1975 年 3 月 10 日（全線開業）
事業者●国鉄→ JR 西日本
営業キロ● 644km
最高速度● 300km/h

主な出来事

公式試運転
1972年1月27日

1971年8月31日に新大阪駅構内でレール締結式が挙行。東京～岡山間の直通公式試運転は1972年1月27日に「Wひかり」ダイヤ、28・31日には「Bひかり」ダイヤでそれぞれ1往復が設定されている。
直通公式試運転にはH19編成が充当、光前頭部は特製のカバーで装飾されて山陽新幹線の開業が近いことをアピールした。

岡山開業
1972年3月15日

新大阪～岡山間が開業。出発式は岡山6:05の『ひかり』52号で、国鉄の宮地技師長（壇上右）と加藤岡山県知事（壇上左）がテープカットを勤めた。
岡山開業では日中時間帯の『こだま』は設定されず、東京から直通する新大阪～岡山間ノンストップの「Wひかり」、新神戸・姫路停車の「Aひかり」、各駅停車の「Bひかり」で設定された。

全線開業
1975年3月10日

岡山～博多間が開業し、全線開業を果たした。
博多駅での出発式は博多6:06の『ひかり』100号で挙行された。
岡山～博多間の開業では、三原以西区間で公害防止や軌道安定のため一部区間で徐行運転を余儀なくされ、開業から1980年10月改正までの東京～博多間最速列車は6時間56分を要した。

ウエストひかり
1988年3月13日

JR移行を経て1988年3月に実施されたダイヤ改正では、新大阪～博多間の速達列車として『ひかり』4往復が設定された。この列車はモノクラスの0系6両編成（R編成）ながら、座席は通路を挟んで片側2列のゆったりしたものに換装されており、『ウエストひかり』のニックネームで区分された。

グランドひかり投入
1989年3月11日

JR発足でJR西日本は営業用車両として0系のみを承継した。JR東海所有の100系は、食堂車をカフェテリアに変更したG編成を増備していた。JR西日本では対東京の主力車両として食堂車は外すことができない要素であり、1989年3月ダイヤ改正ではオリジナルとなる100系3000番代（V編成）を導入した。『グランドひかり』のニックネームが冠されたV編成は2階建て車両を7〜10号車に集中させ差別化を図り、山陽新幹線区間で230km/h運転を行った。

500系投入
1997年3月22日

山陽新幹線での高速化はV編成を使用した速度向上試験がおこなわれたが、環境性能の面で現状のシステムで大幅な速度向上が困難であることが確認された。1992年からは高速試験電車500系900番代を投入して、技術開発と研究・検証が始まった。試験車両の結果を反映し、1996年1月に500系が登場、1年以上の試運転を経て1997年3月改正で300km/h営業運転が開始され、300系に替わる『のぞみ』用車両となった。

ひかりレールスター投入
2000年3月11日

1993年3月改正で山陽新幹線にも『のぞみ』が設定された。これにより、0系『ウエストひかり』は所要時間の差や車両の置き換えに迫られた。
2000年3月改正で設定された『ひかりレールスター』は『ウエストひかり』の後継として、当時最新鋭の700系を山陽新幹線の需要に特化させたオリジナル車両となった。最高運転速度は285km/hで、『のぞみ』と遜色ない走りで山陽『ひかり』の新たな時代を刻んだ。

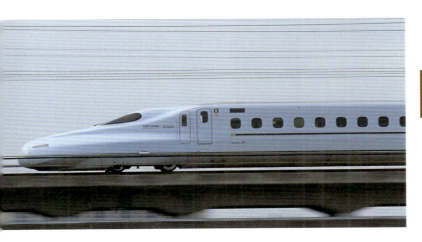

九州新幹線直通
2011年3月12日

2011年3月改正で九州新幹線は博多開業を果たしたが、直通用車両としてN700系8両編成のS編成が登場した。2011年3月改正では、『のぞみ』と同格の最速達列車として『みずほ』、『ひかり』と同格の主要駅停車列車として『さくら』が乗り入れを開始した。

駅の開業前後

新大阪〜岡山までの開業前後、岡山〜博多までの開業前後の様子を見ていこう。

1972年 新大阪

山陽新幹線の起点となる新大阪駅を博多方海側から鳥瞰する。左側の高架橋が山陽新幹線としてあらたに設置された部分だ。13ページと比較すると駅周辺の変化が著しく進んだことがわかる。

六甲トンネルは西宮市から神戸市中央区に至る延長16250mのトンネルだ。トンネル内の線形は540k640mをサミットとした拝み構造の山岳トンネルで、完成時点では世界第3位の長さをもつ鉄道トンネルとなった。
左は1970年10月2日の貫通式のもの。右は芦屋・鶴甲工区間の工事キロ程25k100mでの様子。

1970年 六甲トンネル

1970年 新神戸

駅舎部分の建設が進む新神戸。ホーム部分は下り列車に対し曲線半径3000mの右カーブとなっている。新神戸は東京方を六甲トンネル、博多方を神戸トンネルに挟まれた狭隘な地域に設置された。当初は新幹線単独駅だったが、1985年に地下鉄が開業し、スムーズに市内中心部に移動することができる。駅用地は神戸市の都市計画とリンクして確保されており、駅中央部を流れる生田川の整備を含めた開発となった。

1970年10月に貫通した六甲トンネルでは、東京方と博多方それぞれのポータル部分に扁額が取り付けられた。写真は東京方扁額除幕式で扁額が披露された瞬間を記録したもの。六甲隧道という揮毫は時の内閣総理大臣である佐藤栄作によるものだ。

1971年 新神戸

ホーム部分の建設が追い込みに入った新神戸を神戸トンネルのポータル部分から俯瞰。軌道や電車線はほぼ仕上がっており、ホーム部分の仕上げが進められている。駅終端部付近は布引中学校の用地を転用して確保しており、布引中学校は東京方の高台に移転している。

山陽新幹線では一部区間で盛土が採用されたが、高架橋区間の比率が東海道新幹線よりも高くなっている。画像は建設が進む山陽新幹線と並行する山陽本線の列車内から撮影されたもの。

新大阪〜岡山間ではほとんどの区間でバラスト軌道が採用された。この時代は完成した路盤上にダンプカーを直接乗り入れさせて軌道バラストを取りおろす方法が採られている。

1972年 高架橋 バラスト軌道 スラブ軌道

高速鉄道での使用に耐えうるスラブ軌道は、東海道新幹線の豊橋・名古屋・岐阜羽島での短区間試験整備を経て、新大阪〜岡山間では1.4km・3.8km・4.2km・6.3kmの連続スラブ軌道が試験的に敷設された。写真は相生〜岡山間の中山高架橋に敷設されたスラブ軌道。

高架橋の整備が進められている相生付近。写真中央付近の路盤が広くなった部分が相生駅だ。画像手前の高架橋上は中央が黒くなっているが、これは敷設のため運び込まれたバラストの山。駅部分の構造は副本線のさらに外側に第2副本線の増設が可能な設計となっているが、現在は並走する国道2号線が拡幅整備されたことにより増設は困難な状態になっている。

1972年 相生

1970年
岡山

博多方から東京方を見た写真。今の東口ロータリー付近には貨物設備があり、隣は荷物ホームだった。部分的に出来上がっている新幹線の駅部高架橋はその部分へ造られたもの。脇を走るのは山陽本線の『特急しおじ』だ。新幹線工事によって在来線部分でも配線変更など工事が行われた。

上の写真からやや博多方に移動した写真。高架橋の中央部に見えるのは新幹線上りホームだ。右端に見切れているのは上の写真右側にあった貨物設備のその後。路盤を撤去した跡を見ることができる。ホーム端にあるのは2024年現在もある給水タンクで、当時は円柱形であった。また上の写真は右端に写る照明塔から撮影したものだ。

岡山駅西方に伸びる高架橋を東京方山側から俯瞰。山陽新幹線新大阪〜岡山間の建設工事は、岡山電留線(現在の博多総合車両所岡山支所)までの区間となっていた。このため高架橋は岡山駅の端部で切られることなく伸びている。

画像中央で新幹線高架橋と立体交差するのは宇野線、さらに宇野線と立体交差するのは山陽本線だ。

1971年
岡山

建設工事がほぼ終了した岡山駅。開業時の新幹線ホームは東方から1〜4番線となっていたが、2024年現在は21〜24番線となっている。駅舎は駅表となる東口を新幹線開業に合わせて全面改築しており、在来線の連絡は従来どおり跨線橋を介したものが維持された。

33

1973年 福山

福山は山陽本線と福塩線が発着する広島県東部を代表するターミナルだ。駅位置は市街地にあり、北側は福山城が迫る狭隘な部分に駅を設置する必要があった。
都市計画では駅前後区間の在来線立体交差事業もあったため、福山駅は日本初の直上高架式の本屋が採用された。直上高架では、1階部分に駅機能を集約し、2階を在来線、3階を新幹線としており、立体交差事業で捻出された用地は駅前広場などに転用されている。

路盤整備が始まる直前の高架橋を東京方に撮影したもの。左側には福山城の伏見櫓が見える。路盤上に敷設されたレールはバラストを運搬するためのホッパ車を運転するためのもの。

1974年 福山

山陽新幹線岡山～博多間では作業の進捗に合わせて試運転区間が拡大していった。岡山～福山間は最も早い1974年9月に使用開始となっており、続く福山～広島間も10月に使用開始となった。
画像は使用開始間もない福山駅下り本線に停車する試運転列車。
2階への移設が急がれる在来線はこの時点では完成しておらず、山陽本線下りの路盤はまだ構築されていない状態となっている。

1970〜72年 安芸トンネル

安芸トンネルは東広島市黒瀬町から海田町に至る延長13,030mのトンネルだ。トンネル内の線形は全区間が下り列車に対し-12‰勾配となっている。山陽新幹線全体でも3番目に長いトンネルとなっており、工区は東京方から乃美尾・檜原・イラスケ・熊野・海田の5工区に分割されて施工されている。
画像は博多方坑口付近の3430m区間を担当した海田工区。作業用のバッテリーロコやズリ出しに使用するダンプトロが出番を待つ。

本坑ながら断面が小さくなっているのは、発破作業で発生する爆発音を緩和するために作られたもの。海田工区はすでに市街地化していた場所であったことから、発破時には坑口のシャッターを閉じ坑外に伝播する騒音を少しでも緩和した。

安芸トンネルは1972年8月9日に貫通した。貫通点を示す看板の左側には測量成果が掲出された。安芸トンネルの貫通点では、中心27mm、高低15mm、距離75mmの誤差で貫通したことが記録されている。

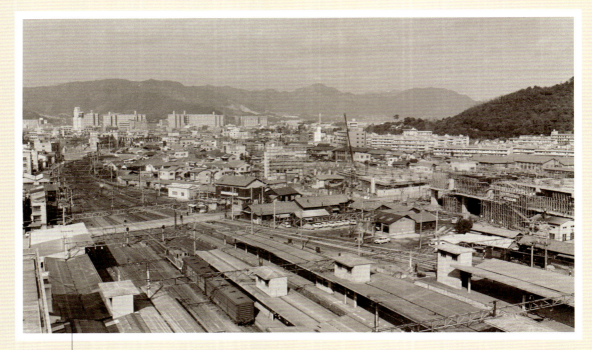

1973年 広島

高架路盤の一部が仕上がりつつある広島駅の博多方を遠望。新幹線用地は将来の新幹線発展でホーム増設に支障することがない広さと、在来線とできる限り近接させることを狙って、旧客車留置線群を撤去して確保している。

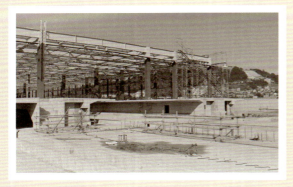 

下り本線の東京方路盤からホーム部分を撮影した画像。ホーム下は折り返し列車の整備などに使用するための通路になっており、ホーム直下に設けられた作業事務室の入り口が見える。

二葉山から工事が進む広島駅を中心に俯瞰する。右が博多方、左が東京方。この時点では新幹線用地の前身である客車区建屋が残っている。

1970年代頃 広島

新幹線部分の工事が佳境に入った広島駅。中央の黒い部分は風除けであるが、将来の増設を睨んだ下り第2副本線は風除けのさらに外側に整備される計画であった。

1973年
三原

三原はフェリーを介して四国連絡も可能な駅として整備された。駅位置は在来線の南側案や福山と同じような直上高架案も検討されたが、貨物設備の糸崎移転と1線の削減で捻出された用地を活用し、工費工期ともに有利な北案が採用された。
設備の一部が三原城址に食い込んでおり、影響を最小限にするためホームの博多方一部は幅員を5mに設定している。

1973年
新岩国

建設が進む新岩国。写真は2点ともに岩日線（現在の錦川鉄道）御庄駅（現在の清流新岩国駅）付近から撮影したもの。山陽新幹線開業時も水田地帯であったが、山陽自動車道の開通で岩国インターチェンジが開設され、自動車利用と新幹線利用で容易に広島市内にアクセスが可能になった。

写真の水田地帯は現在では住宅街に変貌を遂げている。

左と同時期に撮影された小郡駅。水田に近接するように高架橋が建設されていた。撮影地点は現在新幹線口のコインパーキング付近からのものであるが、現在はビルが建設されており、昔日の面影を見ることはできない。

1973年
小郡（新山口）

建設が進む小郡。2003年10月に駅名は新山口に改称されている。新幹線口の特徴であるスロープ状の保守用車通路線がこの時点ですでに確認できる。新幹線口として開業した駅南側は近世の干拓事業によって広がった水田地帯で、新幹線開業と国道2号線バイパス事業によって市街地化が始まった。

1974年
新下関

新関門トンネルの坑口を望む新下関。新幹線開業以前は長門一ノ宮という駅名で、まち外れにある長閑な中間駅に過ぎなかった。駅位置は在来線下関駅併設案や、長府案、幡生案などが検討されたが、用地取得の難易度やアクセス道路の発展性などから判断され決定した。

1973年
新関門トンネル

本州と九州を遮る関門海峡を穿つ新関門トンネルは、延長18713mの海底トンネルだ。縦形は下り列車に対し-18‰、7‰、3‰、10‰で構成される逆拝み勾配で、曲線半径も山陽新幹線区間としては小さい3500mがほとんどを占めている。

当時は日本で最も長いトンネルとして知られ、海底トンネルとして有名となったが、地形としての海底部分は880mに過ぎず、本州側4343mと九州側13490mは陸上部分となっている。

新関門トンネルは1973年5月1日に海底部の貫通を果たした。海底部貫通点は起点から482k855m地点で、火の山・和布刈工区の貫通により海底部が繋がった。この時点でも掘削工事は陸上部で続いており、全通は同年7月17日の出来事である。

1973年
小倉

1958年に現在の西小倉駅付近から現在の場所に移転され、新幹線開業は移転後初めての大規模開発となった。
駅位置については門司駅併設案、三荻野地区新設案、城野駅直交新設案も検討されたが、新関門トンネルとの位置関係や市街地との距離などの面から破棄された。小倉駅併設には用地取得が困難という面があったが、利便性が優先され採用に至った。

1975年
小倉

竣工した小倉駅の博多方を在来線側上空から鳥瞰する。画像左上の貨物船が停泊しているのは日本製鉄小倉工場で、海を隔てた先は下関市彦島である。新幹線高架を見ると上り本線には列車が入線中だ。小倉駅は日本の近代文明を支えた鉄鋼の街として発展した北九州の玄関口であると同時に、東九州へのアプローチ駅として位置付けられた。

1963年
博多

新幹線開業前の博多駅。1963年12月に、2024年現在と同じ場所に移転している。それまでの博多駅は、現在の位置から見て北西に位置していた。

1974年
博多

新幹線高架橋の基礎部分が構築されつつある博多。在来線ホームには581系や421系などが停車している。博多駅は1963年に現位置に移転開業している。新幹線用地は鹿児島本線の複々線化や勝田線、篠栗線の博多乗り入れ用として確保されていたものを転用することで確保している。
博多駅付近の高架橋工事は6ブロックに分割されており、画像左上部分は博多駅高架橋。3階部分に設置された新幹線路盤にはすでにホームを見ることができる。

1975年
博多

竣工した博多駅下り副本線（16番線）に入線する0系。真新しいバラストが敷かれた路盤が目を引く。新幹線博多駅はいわゆる「駅裏」に増設された駅となったが、新幹線の開業によって、在来線側（駅表・天神側）に引けを取らない市街地へと発展していった。開業時の駅ビルには、博多井筒屋が営業していた。

後から追加された駅

　新幹線開業により、在来線の優等列車は多くが廃止されることから、新幹線開業で地元から優等列車がなくなる中間駅が生まれることは避けられなかった。地域の発展材料として新幹線の停車を望む意見は、建設決定と前後して多数陳情されたが、当時の国鉄にあった駅設置の考え方で実現には相当の期間がかかり、「請願駅」としてようやく実現に至った。山陽新幹線では開業後に新尾道・東広島・厚狭の3駅が請願駅として開業している。

1987年 新尾道

新尾道は1988年3月改正で福山〜三原間に開業した。尾道は「弾丸列車計画」で広島駅とともに広島県内の新幹線駅として計画されていた。山陽新幹線の計画では駅間や駅位置の問題などから尾道への駅設置は見合わせとなったが、陳情の結果請願駅として開業が実現した。

1987年 東広島

東広島は1988年3月改正で三原〜広島間に開業した。東広島は灘や伏見と並ぶ日本酒の名産地として知られている。さらに近年では大学の移転や新設により学園都市という一面もある。請願駅として1988年に東広島駅が開業すると、広島市のベッドタウンとしての発展も始まった。駅本屋は日本酒の本場らしく酒蔵をイメージしたもので、同じく東広島地区の民家で多用されている石州瓦が目を惹く。

1999年 厚狭

厚狭は1999年3月改正で小郡（現在の新山口）〜新下関間に開業した。厚狭は山陽本線の中間駅および美祢線の始発駅である。山陽新幹線岡山開業時点では『つばめ』『はと』『かもめ』の一部が停車していた。
上下ともに副本線部分は高架橋を増設して設置されている。ホーム部分は高架橋の側コンクリート壁を非常用通路部分として一部を取り壊し、ほとんどの区間をそのまま残すことで駅建設コストを抑えている。この方式は後年上越新幹線に開業した本庄早稲田でも採用された。

1990年 博多南（在来線扱い）

山陽新幹線の車両基地として開設された博多総合車両部は、計画では東海道・山陽新幹線と九州新幹線用の車両基地とする狙いがあった。設置位置は春日市と那珂川町（現在は那珂川市）にまたがる位置にある。この付近は福岡市中心部から近い位置にあったものの、公共交通機関の発達が遅れ、福岡市中心部への移動に時間を要していた。
アクセス向上のため新幹線回送列車の旅客化を望む声は山陽新幹線開業後からあり、JR発足後の1990年3月改正で博多南線博多南駅が開業した。博多南駅ホームは博多総合車両所の着発1番線の東京方一部に相対式ホームを設置したもので、ホームは8両編成に対応している。

使用開始直後の博多総合車両部。中央左側は研削庫で、さらに奥が着発1番線だ。左奥の白い構造物は九州新幹線用の高架橋。山陽新幹線開業時に整備された着発線は10線で、画像右側は全般検査開始時に使用開始が予定された10線および拡張予定地と保守基地。

車両の変遷

山陽新幹線の車両は、国鉄末期の1985年から分割民営化後を視野に入れた独自の発展が始まった。JR発足後の車両は東海道新幹線直通用・九州新幹線直通用・山陽新幹線内完結という3系統になった。東海道新幹線直通用は16両編成、九州新幹線直通用は8両編成、山陽新幹線内完結は4・6・8・12両の編成が活躍した。2012年以降山陽新幹線内完結も8両に統一されており、2024年度に登場予定のN700系5000番代改造車も8両編成を踏襲する。

1972年 210km/h

0系

1972年3月の岡山開業から2008年11月末まで活躍。最高運転速度は1986年11月改正で210km/hから220km/hに向上。山陽新幹線内完結用車両として16両編成以外にも4・6・8・12両編成が活躍した。

1985年 220km/h

100系

1985年3月に量産先行試作車が落成し、同年10月から営業試使用を開始した。1986年11月改正では量産車で東京〜博多間の4往復に100系が充当された。JR発足時に100系はすべてJR東海が承継した。

1989年 230km/h

100系 V編成

100系3000番代はJR西日本オリジナルの100系として1989年に登場。車両のニックネームとして『グランドひかり』を冠した。2階建て車両を7〜10号車に集中し、8号車は食堂車と売店の合造車、7・9・10号車は2階をグリーン席、1階を普通席とした。普通席は眺望に難があることから座席配置を片側2列席として居住性を向上させている。最高運転速度は山陽新幹線区間のみ230km/h。

300系

1993年 270km/h

300系3000番代は1993年3月改正で『のぞみ』が東海道新幹線直通を開始するために導入された。基本性能はJR東海が所有する300系0番代と同一になっているが、座席のモケットやデザインについてはJR西日本オリジナルのものになっている。最高運転速度は東海道新幹線区間と同じ270km/hに設定された。新大阪〜博多間は28分短縮の2時間32分で結ばれた。

1997年 300km/h

500系

山陽新幹線の競争力強化として
300km/h営業運転を可能にするために
開発された。モーターのパワーアップだけ
ではなく、騒音問題や地震発生時の停止距離短縮も
必要な技術開発であり、500系は試験電車500系900番代
（WIN350）による技術開発成果を余すところなくフィードバックしている。
1997年3月改正で『のぞみ』として営業運転を開始。
2008年以降は8両編成に改造され「こだま」として営業運転を開始した。

1999年 285km/h

700系

JR東海とJR西日本の共同開発。1999年3月改正で、JR東海
所有のC編成のみが『のぞみ』として山陽新幹線区間に乗り入
れを開始した。この時点でJR西日本所有の『のぞみ』用車両は
500系なため、700系3000番代は2001年まで導入が見送られた。

2007年 300km/h

N700系

2007年に量産車が登場したN700系はJR西日本所有車両を3000
番代（N編成）に区分し、16編成が登場した。2013年にはマイナー
チェンジ車両としてN700A（4000番代・F編成）が登場した。
2024年度からは500系を置き換えるためK編成の8両編成化
改造工事が始まる。

2011年 300km/h

N700系 S編成

九州新幹線相互直通用車両で、N700系7000
番代に区分された。車体傾斜装置は山陽・九州新
幹線区間の曲線半径が大きいことから採用され
ておらず準備工事にとどまる。九州新幹線区間
では35‰勾配区間があることから、全車電動車
化されている。

2018年 300km/h

N700S

N700SのうちJR西日本保有車両は2021年に登場し、3000番代H
編成に区分された。N700系以降の車両が台頭したことにより、『の
ぞみ』専用車両という位置付けは過去のものとなり、『のぞみ』『ひ
かり』『こだま』という列車愛称に関係なく充当されている。
H編成は車両増備として2023年までに4編成が登場している。さ
らに2024年度から2026年までに4編成、2026年度から2028年
度までに10編成が追加される計画になっている。

新幹線開業で消えた列車、生まれた列車

山陽新幹線は輸送力が飽和状態になりつつある在来線の現状を改善するために建設された。新幹線の開業は同時に在来線優等列車の整理統合にもつながり、在来線優等列車は新幹線中間駅や終着駅からのアクセス列車にその使命を変化しさせていった。

ここでは山陽新幹線の開業により使命を終えた特急、新たに生まれた特急のうち一部を紹介。

消 特急うずしお
新大阪・大阪〜宇野
1964年〜1972年

1964年10月改正で、新大阪〜宇野間に設定開始。当時の国鉄特急列車としては運転距離が213kmという異例の短さであった。東海道新幹線開業以前の『富士』のダイヤは『うずしお』の姉妹列車となる『ゆうなぎ』が受け継いだ。

変 特急やくも
岡山〜出雲市・益田
1972年〜現在

陰陽連絡特急として2024年現在も活躍する『やくも』は、1972年3月改正まで新大阪〜出雲市間を伯備線経由で結んでいた特急『おき』の岡山〜出雲市間を建て替えて設定された。当初4往復が設定されたが、1975年に8往復へ倍増し、気動車として初めて「L特急」となった。

特急はまかぜ
新大阪・大阪〜倉吉・鳥取
1972年〜現在

播但線初の特急列車であったが、同線内には急行『但馬』が設定されていたことから、『はまかぜ』は播但線内で客扱い停車はおこなわれなかった。使用車両は1982年7月改正でキハ80系からキハ181系に統一された。

特急しおかぜ
高松〜松山・宇和島
1972年〜現在

四国初の特急列車として1972年3月に3往復が設定された。使用車両はキハ181系からキハ185系を経て現在は8000系・8600系を使用。また岡山発着となった。

特急有明
門司港・博多・熊本〜熊本・西鹿児島など
1967年〜2021年

1975年の山陽新幹線博多開業以降は博多〜熊本・西鹿児島間の主力列車となった。2011年の九州新幹線全通後も細々と残ったが、2021年に全廃されている。

特急にちりん
博多〜大分・宮崎
1968年〜現在

山陽新幹線開業以降、小倉接続の東九州特急として宮崎間を結ぶ。JR化後は派生列車として783系による『ハイパーにちりん』、883系などによる『ソニック』なども加わっている。

特急おき
小郡〜鳥取・米子
1975年〜2001年

小郡〜鳥取・米子間の特急。1976年7月からはキハ181系化された。2001年に山陰本線の高速化事業完成に合わせてキハ187系化され、愛称は『スーパーおき』に統一、『おき』の愛称は再び廃止された。

特急はと
岡山〜下関
1972年〜1975年

『はと』は岡山開業後は運転区間を岡山〜下関間に短縮。『つばめ』は新大阪・名古屋始発列車の設定は残り、乗り換えが少なく済む直通需要に応えた。1975年3月に廃止された。

特急つばめ
名古屋・新大阪・岡山〜博多・熊本
1972年〜1975年

1982 暫定開業
2010 全線開業

広大な本州北部の大動脈に
成長したグリーンライン

東北新幹線

　首都圏と東北地方を結ぶ新幹線。1982年6月に大宮〜盛岡間が暫定開業し、2010年12月に東京〜新青森間が全線開業した。

　新幹線開業以前は『ひばり』『やまびこ』『はつかり』といった昼行特急とともに『北星』『ゆうづる』『はくつる』といった夜行列車が活躍した。

　最高運転速度は開業当初210km/hであったが、1985年に『やまびこ』が240km/h運転を開始、1997年からは275km/hに向上した。2011年には300km/h運転も始まり、2024年現在では日本最速となる320km/h運転を行っている。

特急『はつかり』

200系『やまびこ』『あおば』

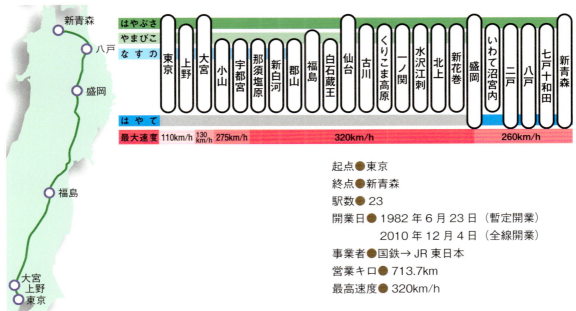

起点●東京
終点●新青森
駅数● 23
開業日● 1982 年 6 月 23 日（暫定開業）
　　　　2010 年 12 月 4 日（全線開業）
事業者●国鉄→ JR 東日本
営業キロ● 713.7km
最高速度● 320km/h

主な出来事

大宮〜盛岡開業
1982年6月23日

1982年6月23日に大宮〜盛岡間が暫定開業。この暫定開業は夏季多客輸送に高速輸送サービスを提供する狙いがあり、大宮〜盛岡間に『やまびこ』4往復、大宮〜仙台間に『あおば』6往復が設定された。
1982年11月15日には上越新幹線の開業に合わせ、東北新幹線も本開業となった。これにより列車設定本数は『やまびこ』が17往復、『あおば』は12往復が設定され東北に新幹線時代が到来した。

上野開業＋高速化
1985年3月14日

大宮以南の新幹線建設工事は用地買収の遅れなどが影響し、上野開業は1985年3月となった。延伸開業により全列車が上野発着となり、1982年6月から活躍してきた新幹線連絡専用列車『新幹線リレー号』の設定が終了した。
上野開業を機に、東北新幹線『やまびこ』では最高運転速度を210km/hから240km/hに向上。さらに停車パターンも上野〜仙台間で大宮・宇都宮・郡山・福島のうち2駅停車＋仙台〜盛岡間無停車という速達『やまびこ』の設定が始まった。

東京開業
1991年6月20日

東北新幹線は東京駅を起点として計画された路線であり、東京駅付近の新幹線建設工事は支障移転工事も含めると1972年度から始まっていた。上野〜大宮間と同じように用地買収は困難を極め、東京駅開業は国鉄からJR東日本への移行を経て1991年6月に開業を果たした。
東北新幹線東京駅ホームは島式ホーム1面2線であり、さらにこのホームを上越新幹線と共用するダイヤとなった。このため臨時列車の多くは上野発着として設定された。

E2系投入
1997年3月22日

1995年に量産先行車が登場したE2系は、200系のフルモデルチェンジ車として位置付けられ、275km/h運転を可能にするスペックを誇った。
1997年3月のダイヤ改正では、田沢湖線と奥羽本線大曲〜秋田間を標準軌化した秋田新幹線が営業開始となり、東北新幹線区間で併結運転が可能なE2系J編成の営業運転が始まった。275km/h運転は宇都宮以北区間となり、東京〜盛岡間の最速所要時間はそれまでの2時間36分から2時間21分に短縮された。

八戸開業
2002年12月1日

東北新幹線盛岡以北区間の建設工事は、整備新幹線事業として1991年3月に起工。当初計画では盛岡〜沼宮内間・八戸〜新青森間を新幹線鉄道直通線（ミニ新幹線）、沼宮内〜八戸間を標準軌新幹線（フル規格）整備となっていたが、1995年4月に盛岡〜沼宮内間がフル規格に変更され盛岡〜八戸間全線のフル規格整備が決定した。延伸用の増備車両としてE2系1000番代が投入され、新たな愛称として『はやて』が登場した。

新青森開業
2010年12月4日

東北新幹線八戸〜新青森間はミニ新幹線で整備される計画であったが、1998年3月にフル規格として工事実施計画が認可、着工した。
八戸〜新青森間には中間駅として七戸十和田が設置された延長約82kmの区間だ。このうちトンネルの総延長は約50.4kmで全体の62%がトンネルとなっている。
新青森開業は2010年12月4日で、1982年6月の暫定開業から28年を経て全線開業となった。

E5系投入
2011年3月5日

2010年の新青森開業ではモデルチェンジ車両は投入されず、E2系による『はやて』が八戸〜新青森間を延長して設定された。
E2系以降の新幹線高速化は2005年に登場した高速試験車両E954形（FASTECH360S）による技術開発成果をフィードバックして、2009年にE5系量産先行車が登場した。一冬を跨ぐ入念な走行試験を経て2010年12月には量産車が登場し、2011年3月5日から300km/h運転をおこなう最速達愛称列車として『はやぶさ』が設定された。

320km/h走行へ
2013年3月12日

E5系は2010年に量産車が落成し、その後も増備が続いた。E5系の最高運転速度は320km/hであったが、320km/h運転をおこなうには地上設備の騒音・振動対策が必要であったため速度向上は段階的に進められた。2013年3月改正ではE5系単独列車で宇都宮〜盛岡間320km/hを開始、2014年3月改正でE6系併結列車での320km/h運転が開始されている。

1971年
大宮

1971年に東京〜盛岡間の建設認可がおりた。同年11月28日には東京、大宮、宇都宮、福島、仙台、盛岡で起工式が挙行された。

起工式と実験線

　東北新幹線は1970年に成立した全国新幹線鉄道整備法に基づいて建設が決定した。当時の東北本線は1975年頃までには輸送力の行き詰まり（線路容量の限界）に到達すると見込まれていた。また沿線には仙台や郡山といった地方都市や、有力な観光資源がありながらも高速移動の整備が遅れていたことで開発が遅れていた。

　　　　　新幹線の建設は地方都市にとっては朗報であったが、通過する場所によっては大規模な建設反対運動が巻き起こった。下は大宮付近での建設反対運動の様子。

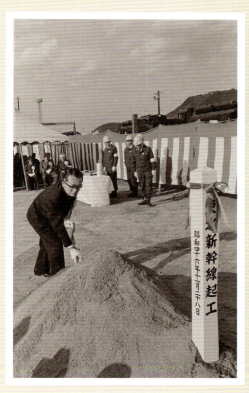

仙台での起工式は仙台駅の西側で開催された。右は式典会場を俯瞰したもの。留置線には451系の姿が見える。

1971年 仙台

1971年12月1日から使用が始まった仙台駅仮駅舎の様子。駅上空には東北新幹線の起工を祝うアドバルーンが上がっている。仙台駅は第2次世界大戦での空襲で被害を受け、駅舎は仮復旧のままであったが、仮復旧から約20年を経て全面改築がおこなわれる運びとなった。

1973年～1978年
小山総合試験線

小山地区では一部区間を総合試験線として使用するため建設が急がれた。総合試験線は1975年9月に環境庁（現在の環境省）から告示された「新幹線鉄道騒音に係る環境基準」に対応するための技術開発や、新幹線総合調査委員会において検討された現在営業中の新幹線に対する技術開発、将来に備えるための技術開発などを目的に長期的に使用する設備と位置付けられた。

建設が進む小山総合試験線。小山総合試験線は工事キロ程50k750mから93k550mまでの42.8kmで、試験線の延長としては東海道新幹線鴨宮モデル線を遥かに凌ぐ長さになっている。路盤は一部にバラスト軌道を採用したが、多くの区間でスラブ軌道が採用された。線形は基本的に直線となっており、小山市内の東北本線の乗越部分に曲線半径4000mが挿入されているのが本線部の最急曲線となっている。
右は関東平野を分断するように構築された水田地帯に伸びる高架橋。

小山総合試験線は1978年度の設備使用開始に向け、1977年1月26日に早くも軌道敷設工事が始まった。建設を担当したのは東京第三工事局で、地上部分での神事ののち、高架橋上では軌道敷設車による軌道敷設（レール送り出し）がおこなわれた。このような工事ではレール締結式は大々的に公開されることが多いが、レール敷設式として大規模に開催する例は少ない。

小山総合試験における試験車両は961形が抜擢された。961形は山陽新幹線福山地区での走行試験を最後に出番が失われていたが、約4年ぶりに出番を得ることになった。

961形は小山総合試験線への転出を前に、大阪運転所から浜松工場に回送され全般検査と改造工事が施工された。全般検査後の試運転ののち同月10日に移送のため大井基地に回送されている。

小山への移動はトレーラーを使用した陸送となり、5月14・17・20日出発で2両ずつが陸送された。

1978年6月5日におこなわれた小山総合試験線試験列車出発式。セレモニーはすでに終了して、小山駅下り1番線ホームでは装飾が施された961形が待機している。総合試験線時代の小山駅はバラスト軌道であったが、試験終了後にスラブ軌道へと作り替えられている。

1982年
大宮

コンコース階の建設が進む大宮駅。撮影は西側から見たもので、右下の地上部分には駅の小手荷物取扱所が見える。
東北新幹線は1982年6月23日に暫定開業を果たした。上越新幹線開業まで約5か月の遅れが生じた結果となっているが、駅名標については上越新幹線用も併記されたまま目隠しもされていなかった。

大宮～盛岡開業前後

東北新幹線建設工事は2度にわたるオイルショックや反対運動などにより用地買収は難航した。これにより当初の予定であった1976年度末の開業計画は大きく遅れ、東北新幹線が1982年6月にようやく暫定開業の運びとなった。

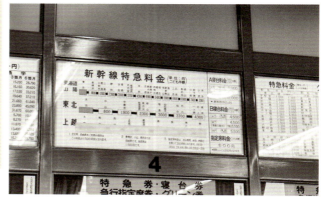

大宮駅出札窓口に掲出された新幹線の料金表。上越新幹線の料金は暫定開業時点で決定していなかったことから、空欄のままとなっている。

竣工した大宮駅西口。現在では大宮駅の代名詞ともなっているペデストリアンデッキはこの時点で設置されていない。屋上部分にはJNRマークが掲出されている。駅本屋の駅名標にJNRマークが掲出された例は少ない。

1978年 伊奈付近

東北新幹線の建設工事が計画から大きく遅れた理由の一つに用地取得の遅れがあった。大宮以北では東北・上越新幹線が分岐する伊奈付近での用地取得が難航した。用地取得を待ってから工事着手という手段では開業時期に影響することから、高架橋工事は取得が済んだ部分から随時進められることになった。写真は現在の国道16号線付近で、北側を向いて撮影したもの。

右奥に見える高架橋は上越新幹線下り線。
↓下り線

伊奈地区の新幹線建設反対の主な理由は、上越新幹線の分岐により町内がYの字型に三分割されることになったこと。分断されることに対しての見返りとして、埼玉新都市交通の建設が決定した。高架橋の張出部分を延長して建設されたニューシャトルは定時性の高い交通手段がなかった伊奈町～大宮間の有益な移動手段として定着した。

1972年
石橋付近

のちの小山総合試験線区間として先行使用された石橋付近。高架橋の上から北側を見て在来線を俯瞰する。新幹線路盤も完成しておらず、スラブ突起を確認することができる。東北本線上り線を進むのは115系。画面奥から右側に分岐する線路は営業開始から間もない宇都宮貨物ターミナルだ。

1972年2月19日に完成した東北新幹線石橋高架橋。石橋高架橋は東北新幹線の高架橋の完成第1号を記念して、磯崎叡国鉄総裁揮毫の銘板が取り付けられている。

1978年
磐城西郷

新白河は仮称駅名がそのまま正式駅名として開業した。駅位置は東北本線磐城西郷と併設しており、1982年6月の東北新幹線暫定開業にあわせて駅名が新白河に改称された。

1982年
新白河

1982年6月23日に東北新幹線が暫定開業し、磐城西郷は新白河に名称変更となった。写真は新幹線側となった東口駅本屋を東京方の太平洋側から見たもの。新白河が所在するのは福島県西白河郡西郷村であり、開業当時「村」への新幹線駅設置の前例がなかったことから、「村の新幹線駅」として話題になった。

1980年
新白石（仮）

冠雪した蔵王連峰をバックにした工事中の新白石（仮）駅。駅名は1982年2月3日に「白石蔵王」とすることが国鉄から発表された。
駅設置位置は東北本線白石駅への併設も検討されたが、用地取得や前後の線形を考慮した結果市街地から離れた単独駅として設置されることが決定している。

1978年
第一平石トンネル

第一平石トンネルは郡山～福島間に建設された延長255mのトンネルである。連続する第二平石トンネル（l=190m）、第一粟須トンネル（l=245m）も含め覆工面裏の空洞が原因による変状や冬季のツララ対策として、当時の最新掘削技術であるNATM(ナトム)工法が採用された。
NATM工法は支保部材を吹付コンクリートとロックボルトとして、地山の持つ復元力でトンネル断面を支持する工法である。上はフライスローダーによる掘削作業の様子。

第一平石トンネルでは延長255mのうち両側坑口付近を除く192mでベンチカットのNATM工法を採用した。トンネル上半の掘削後3層の吹付コンクリートを施工後にロックボルトの挿入、その後はベンチ部の掘削、吹付コンクリート、ロックボルト挿入という工程を採っている。
左は断面の掘削がほぼ済んだ状態。地面部分が上の写真と比較して掘り下げられている。
右は掘削の済んだベンチ部分に吹付コンクリート処理がおこなわれている様子。

1973年
蔵王トンネル

蔵王トンネルは福島〜白石蔵王間に建設された延長11215mのトンネル。工区は東京方から藤田・石母田・原・中ノ目という4工区に分割されて掘削工事が進められている。
上は石母田工区石母田斜坑の様子。斜坑に伸びる線路にはバッテリーロコに牽かれたズリ出し用のトロが見える。石母田斜坑は現在も避難用斜坑として利用されている。
東京方坑口を東北本線側から遠景したもの。本線を走行するのは583系で、坑口付近には後年東北自動車道が建設され、付近の様子は大きく変化している。
1976年10月21日の貫通式の様子。トンネル工事は藤田・石母田工区間の貫通で終わった。

1982年
仙台

仙台駅は1971年に新駅舎建設のため仮駅舎での営業が始まった。左は内装工事が追い込みに入った1982年の仙台駅北コンコースの様子。発車標は試験表示が始まっており、『やまびこ』『あおば』の表示が見える。

供用が開始されたペデストリアンデッキを含んだ仙台駅西側。入口には新幹線開業までを示すカウントダウンボードが掲出されており、開業まであと30日を示している。

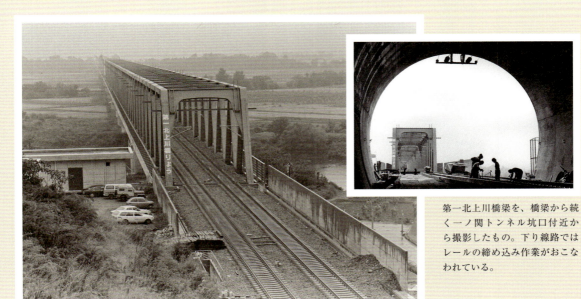

第一北上川橋梁を、橋梁から続く一ノ関トンネル坑口付近から撮影したもの。下り線路ではレールの締め込み作業がおこなわれている。

1978年
北上川

一ノ関〜北上（現在は水沢江刺）間に架橋された第一北上川橋梁を盛岡方（新青森方）から俯瞰したもの。延長550mのトラス部分と延長3322mのPCコンクリート橋梁部分で構成されており、橋梁としての長さは2024年現在も新幹線で最も長い3872mを誇る。

1978年 盛岡付近

高架橋の建設が進む盛岡〜盛岡新幹線第一運転所間。東北本線にはいわゆる旧型客車で構成された列車が青森方面に進行している。

1978年 盛岡付近

岩手飯岡付近の津志田高架橋の建設工事の様子。この付近は東北本線との近接と国道46号線との立体交差が近く、地上部分に十分な作業スペースを確保できないことからストラバーグ可動支保工により作業が進められている。この工法は盛岡工事局管内で多用された。

1976年
盛岡

当面の終着駅となる盛岡駅は、駅位置について駅裏案や在来線直上高架案、本屋上案が検討された。この結果一部の仕訳線や貨物設備の移転は伴うが、新規取得用地を避けることができるほか、市街地へのアクセスも有利な本屋上案が採用された。盛岡駅は現状の本屋に新幹線高架設備を継ぎ足すような構造になっており、上りホーム直上の一部は本屋上、下りは橋脚部分からホーム部分を新規腹付で構成している。下画像は新規腹付で施工中の下り高架橋を撮影したもの。

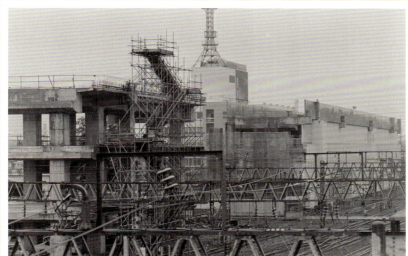

1982年
盛岡

東北新幹線開業直後の盛岡駅。新駅舎は新幹線開通に先立って1981年4月に使用開始となった。盛岡鉄道管理局では駅名標をひらがな表記とするパターンが多い。盛岡もこの例に漏れずひらがなで「もりおか」としている。この表記は宮沢賢治の筆跡によるものだ。

1983年 大宮 　大宮駅構内東京方の建設工事。大宮駅構内の高架橋は上越新幹線の新宿ルートを見据え、一部を2期工事用として手戻りのないように設計されている。写真は大宮操車場の一部を新幹線用に転用した高架橋工事の様子。この付近は埼京線との直上高架区間になっており、大宮操車場構内は大規模な線路付け替え、配線変更が生じている。

延伸開業前後

　東北新幹線は1982年の開業後も東京〜大宮間、盛岡〜新青森間の建設工事が進められた。延伸工事区間も既存区間と同じく用地取得問題や反対運動、技術的な難航時となったが、工事は無事に完遂され全線開通に結びついている。

赤羽付近での建設反対運動の様子。反対派は国鉄敷地内に櫓を建てるなど激しい抗議活動を展開したが、区長の交代による受け入れ容認や列車の運転で発生する騒音や振動などに配慮することで和解が成立した。

架橋工事と路盤工事が進む荒川橋梁。東京方から大宮方向を見て撮影したもの。荒川の右岸から大宮付近までは南埼玉トンネルを建設する予定が、地上高架に変更となり、保償として埼京線が建設された。

1983年/1985年 荒川付近

左とほぼ同じ位置から撮影したもの。下り線路を進むのは総合監査として乗り入れた925形S1編成。真新しい線路をゆっくりとした速度で列車は大宮方に走り去った。
新幹線の右側は建設工事が進む埼京線。橋梁上にはレールが置かれているのが見える。

1984年 日暮里付近

上野駅からのルートは第2上野トンネルで日暮里付近に出る。左上は1984年12月21日にモーターカーによる推進運転でおこなわれた建築限界測定の様子。
上はレール敷設工事中の日暮里付近。
左はハンドル訓練が始まった日暮里付近。ハンドル訓練は1985年2月25日に始まり、開業前日まで続けられている。

1981年〜1985年 上野

上野駅は当初、設置計画はなかったが、東京駅の線路容量を緩和する目的で設置が決定した。駅用地は地下となり、駅前広場と17〜20番線および一部留置線、都道452号線の直下に建設されることになった。
地下での作業だが、営業中のホームの直下であることから、直上にどのホームがあるか表示されている。

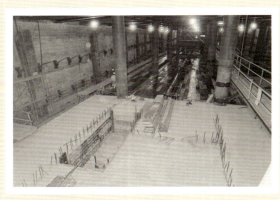

地下4階で進められる新幹線駅建設工事の様子。

新幹線上野駅の位置関係を示した立体模型。上野駅は地下4階に島式ホーム2面4線を配し、地下3階にコンコース、地下1階および2階は団体待合室と電気室、防災センターなどに利用されている。

地下4階新幹線ホーム21・22番線の駅名標と発車表示器を見る。発車表示器は営業開始時点で電光式を採用している。

東北新幹線上野駅開業の様子。ツアーで号車ごとに並ぶツアー客一行。都心に近い上野の開業は大きな出来事だった。

1974年～1991年
東京

東北新幹線東京駅の建設工事は支障移転工事が1972年度に始まった。東京～上野間は東北回送線の直上高架とすることを基本にして、用地買収を極力避けたが、一部は新規取得が必要であった。このため用地取得は困難を極めたのだった。
写真は路盤工事が進む東京駅を神田方から俯瞰したもの。

東北新幹線東京駅は1991年6月20日に開業した。出発式には200系H5編成を充当した「やまびこ1号」で出発式がおこなわれた。東北新幹線用ホームは12・13番線を新幹線用に振り替えることで用地を確保している。

東京駅第7ホーム（14・15番線）は東北新幹線と東海道新幹線直通用ホームとして1973年度から新幹線転用工事が始まった。第7ホームは東北新幹線建設の遅れにより、当面は東海道新幹線専用とすることが決定し、15番線が1975年6月に使用開始となった。
14番線は路盤のみが完成した状態となっていたが、1979年12月に14番線も東海道新幹線用として使用開始となった。

1983年～2002年 いわて沼宮内

沼宮内駅は東北本線時代に特急『はつかり』の一部列車が停車していた。東北新幹線盛岡～八戸間の建設工事が認可され、当初は沼宮内駅併設のミニ新幹線用沼宮内駅を併設するとともに、北側に新沼宮内信号場を整備する計画であった。その後全区間のフル規格整備に変更され、新沼宮内信号場の計画も中止になった。2002年の東北新幹線八戸開業で在来線はIGRいわて銀河鉄道に移管された。

1983年～2002年 二戸

二戸駅は1891年に日本鉄道の福岡駅として開業し、国有化を経て1921年から1987年1月末まで北福岡駅を名乗っていた。北福岡は『ゆうづる』や『はつかり』といった特急も停車する規模の駅であった。
二戸駅の駅舎は新幹線開業に合わせて全面改築された。

1986〜 2002年 新青森

新青森は1986年に奥羽本線津軽新城〜青森間に開設された。津軽新城からの距離は1.8km、青森からの距離は3.9kmの位置に開設された新青森駅は当初相対式ホーム1面1線による小規模な駅であった。
新青森駅は東北新幹線建設工事が認可されると、大掛かりな改修工事がおこなわれた。在来線ホームは島式ホーム1面2線化、新幹線ホームは島式ホーム2面4線があらたに整備された。

後から追加された駅

東北新幹線では東京〜盛岡間の建設決定と前後して多くの沿線自治体から駅設置の要望が陳情された。

大宮〜盛岡間には開業時13駅が設置されたが、仙台以北区間では3駅が請願駅として新たに建設され、東北新幹線の駅として仲間入りを果たしている。

1985年 新花巻

釜石線の矢沢駅を移動し、新幹線との接続駅である新花巻に変更となった。写真は矢沢駅だったころの駅舎。

新花巻は、1985年3月改正で北上〜盛岡間に設置。駅位置は元の釜石線矢沢駅から500mほど離れた場所となった。
新幹線建設時には矢沢駅から分岐する工事線が設定されたが、当時駅設置には至っておらず、新幹線開業後、新駅誘致のための出資が可能になり、駅設置が実現した。
新幹線駅は通過線をもたない相対式ホーム2面2線というスタイルとなったが、のちに2面2線16両対応工事が施工されている。

1985年 水沢江刺

新花巻と同じく1985年3月改正で、一ノ関〜北上間に設置された。駅位置は東北本線水沢駅から北上川を挟み直線距離で東へ約2km離れた位置に設置された。
通過線をもたない相対式ホーム2面2線というスタイルとなった。

1990年 くりこま高原

1990年3月改正で古川〜一ノ関間に設置。
新花巻や水沢江刺は駅設置を見込んで信号回路を構成していたため、駅進入出発はATCが使用できたが、くりこま高原は駅を想定しておらず、信号回路の途中に駅を設置したことから、マニュアルでの駅停車がATC更新まで続いた。

もともとただの高架橋だった部分に、ホーム設置用に新たな橋脚を立てている。
構造物の構成やコンクリートの色で、後付け部分がよくわかる。

車両の変遷

東北新幹線大宮〜盛岡間の地上設備は山陽新幹線岡山以西の区間で採用された基準で建設された。したがって竣工段階で最高運転速度は260km/hに対応したもので、曲線や勾配も緩やかなものとなっている。JR化以降は大宮〜盛岡間は地上設備に改良で設計基準を上回る速度向上が実現した。

運転系統としての東北新幹線を走行する（した）フル規格営業用車両は2024年現在E5系の派生車種であるH5系を除いて5系式となっている。

1982年 210km/h

200系

200系0番代は東北新幹線開業にあわせて開発された初代車両。車両開発には961形試作車で実用化のメドがつけられたサイリスタ連続位相制御や耐寒耐雪性能、962形試作車で検討された内装などがフィードバックされている。

1983年 240km/h

200系 1000番代 1500番代

200系は1983年から1985年にかけて6次車〜9次車252両を投入。6次車は230km/h程度までの速度向上に対応した車両。

7次車からは240km/hまでの速度向上に対応。両先頭車の定員を5名増加させるとともに、構造変更などをおこなった。240km/h運転対応車両はあらたにF編成に区分され、『やまびこ』として活躍を開始した。

1987年 240km/h

200系 2000番代

上越新幹線では各駅停車タイプの『とき』で乗車率が伸び悩み、その対応が必要となった。対策として12両編成9本を10両編成化し、抜き出した18両と新製する先頭車4両を組み合わせることで10両編成1本と12両編成1本を構成した。
新製された先頭車は100系タイプのロングノーズと内装を持つ2000番代として区分された。

1999年 240km/h

200系 リニューアル編成

後継車両の登場で、車両性能や内装の陳腐化が課題となった200系は、1999年度からK編成12本を対象に内装や外装に全面的なリニューアルをおこない、今後10年程度の継続使用を可能にする延命工事が施工された。

1994年 🕐 240km/h

E1系

E1系は輸送力を重視した車両として1994年に営業運転を開始した。編成の特徴は12両編成の全てを2階建て構造としたことだ。
E1系充当列車には「MAX」という愛称が冠され、1995年までに6編成が登場した。

1997年 🕐 275km/h

E2系

東北新幹線の更なる高速化を目的に、1997年3月改正で営業運転を開始。E2系は単独運転やE3系を併結した状態でも275km/h運転が可能で、東北新幹線の高速化に大きく貢献した。
当初8両編成だったE2系は八戸延伸開業を控えた2002年に10両編成化され輸送力を強化。さらにマイナーチェンジしたE2系1000番代も登場し、2000年代初期の東北新幹線主力車両となった。

1997年 🕐 240km/h

E4系

E1系のマイナーチェンジ車両として登場。E1系は編成固定の12両編成であったことから、段階的に変化する輸送量の変化に対応出来なかった。E4系はこの欠点を解消させるため8両編成とし、E4系やE3系、400系との併結運転にも対応した。

2013年 🕐 320km/h

E5系

E2系に代わる更なる高速化を目的に2009年に量産先行車が登場した。入念な試運転を経て、2011年3月からは『はやぶさ』として300km/h運転が始まった。2013年3月改正からはE5系単独での320km/h運転を開始、さらに2014年3月改正ではE6系併結列車でも320km/h運転を開始した。

新幹線開業で消えた列車、生まれた列車

　新幹線開業以前の東北本線の速達輸送は本州内の都市間相互輸送はもちろん、北海道連絡という重要な路線として位置付けられていた。東北本線は特に上野〜宇都宮間で輸送力の限界が近い状態が続いた。これを緩和するため仙台以北連絡列車のルートとして常磐線も活用され、旺盛な輸送需要に応えた。

　新幹線開業により上野口の優等列車は大幅に整理された。ここではそのような運命を辿った列車の一部を紹介しよう。

開業時

特急やまびこ
上野〜盛岡
1965年〜1982年

1965年10月の東北本線盛岡電化で、東北本線初の電車特急として設定された。運転区間は1967年10月改正で東京〜盛岡間に延長され、東京駅第7ホーム転用改造が開始される1973年3月末まで続いた。
最盛期には上野〜盛岡間に4往復が設定され、日中時間帯では上野口では『はつかり』とあわせて上野〜盛岡間概ね1時間ヘッドを確立した。

新幹線リレー
上野〜大宮
1982年〜1985年

大宮駅始発となった東北新幹線の、上野連絡専用列車として1982年6月から運転を開始。編成は7両編成の185系200番代を2編成繋いだ14両編成を基本とし、一部列車で455系あるいは457系、あるいは115系も投入された。1982年11月の本開業で車両は185系200番代に統一された。

本開業時

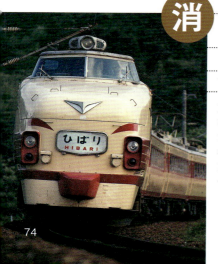

特急ひばり
上野〜仙台
1961年〜1982年

1961年10月改正で上野〜仙台間の不定期特急として設定、1963年10月改正で定期列車化。当初はキハ80系で設定されていたが、1965年に電車化され大幅に所要時間が短縮された。
1972年10月改正ではL特急に指定され、最盛期の1978年10月改正では上野〜仙台間に15往復体制となっている。
1982年6月の暫定開業では6往復を『あおば』に立て替えたことで運転本数を8往復に縮小させた。同年11月の本開業では全列車が廃止となった。

寝台特急北星
上野〜盛岡
1975年〜1982年

1975年3月改正で同区間に設定されていた夜行急行を格上げして設定。車両は10系から20系に変更され、快適性はやや向上したものの運転時刻は急行を踏襲したままであり、ダイヤ上はいわゆる「遜色特急」の嚆矢的な存在であった。使用車両は1978年10月に14系化され、快適性が向上した。
東北新幹線の本開業により、上野〜盛岡間は完全に日帰り圏内となることから、1982年11月改正で廃止された。

寝台急行新星
上野〜仙台
1964年〜1982年

1964年10月改正で『北星』から分離独立。当初の使用車両は10系であったが、1976年7月改正で20系化された。
上野〜仙台間の距離が短い事から、設定時刻は上下列車ともに発車時刻は日付が変わる直前となった。上りについては仙台入線を発車の約2時間前として、寝台設備の利用開始時間を確保するサービスがとられている。
『北星』と同じく需要低下を見込み、1982年11月改正で廃止された。

特急みちのく
上野〜青森
1972年〜1982年

1972年3月改正で、上野〜青森間の昼行特急として1往復を常磐線経由で設定。列車のポジションとしては『はつかり』をサポートする位置とともに、『ゆうづる』と対をなす日中時間帯の常磐線内からの対北海道輸送列車として位置付けられた。

本開業時

新 特急たざわ
盛岡～秋田・青森
1982年～1997年

1982年11月の新幹線本開業、田沢湖線電化完成で盛岡～秋田間に6往復が設定。田沢湖線ルートによる特急列車の設定は首都圏から秋田への最速ルートになり、『たざわ』は最盛期には14往復体制となった。
1996年3月改正では田沢湖線が秋田新幹線改軌工事のため運休となり、『たざわ』は北上線経由の『秋田リレー』に移行し、一部列車が秋田～青森間に残された。秋田新幹線が開業した1997年3月改正で『たざわ』は完全に廃止となった。

上野開業時

新 新特急なすの
上野～宇都宮・黒磯
1985年～1995年

1985年3月改正で上野～宇都宮・黒磯間に設定。当時の国鉄の制度では定期券を乗車券として特急列車を利用することは認められていなかったが、「新特急」は定期券と特急券の併用を認めた例外的な列車として位置付けられた。

消 特急やまばと
上野～山形
1964年～1985年

上野～山形間の特急列車。1982年の新幹線開業で奥羽本線特急『つばさ』は5往復のうち4往復を始発駅を上野から福島に移したが、『やまばと』は上野乗り入れを継続した。1985年の上野開業で『やまばと』は廃止された。

八戸開業時

消 快速海峡
青森～函館
1988年～2002年

1988年3月の海峡線開業にあわせ、青函連絡船の置き換えとして青森～函館間に設定。列車種別は料金が不要の快速として設定された。使用車両は電車化や気動車化で捻出した50系客車を使用。車体色も赤色から青色に変更されている。一部列車は急行『はまなす』との共通運用を組み14系も充当された。2002年12月に『白鳥』『スーパー白鳥』に置き換えられて廃止された。

特急はつかり
上野〜青森 → 盛岡〜青森・函館
1958年〜2002年

上野〜青森間を結び青函連絡船に連絡していた特急『はつかり』。1982年に盛岡発着となり、1988年の青函トンネル開通により函館に直通した。2002年、東北新幹線の八戸延伸により、『白鳥』『スーパー白鳥』に置き換えられ廃止された。

特急つがる
八戸〜青森
2002年〜現在

東北新幹線八戸開業で、新幹線と連絡して青森をつなぐ列車として登場。直前まで『スーパーはつかり』で使用されていたE751系での運用となった。2010年の東北新幹線青森延伸によって青森〜秋田間に変更。

特急スーパーはつかり
盛岡〜青森
2000年〜2002年

『はつかり』のうち、最高速度130km/h運転が可能なE751系で、盛岡〜青森を約2時間で結んだ列車が『スーパーはつかり』。こちらも東北新幹線の八戸延伸によって、特急が整理され廃止となった。

新青森開業時

特急白鳥
八戸〜函館 → 新青森〜函館
2002年〜2016年

東北新幹線の八戸延伸を受け、新幹線と連絡して八戸〜函館間を走行する列車として登場。2010年の新青森延伸で、新青森〜函館間に変更。北海道新幹線の開業で廃止となった。

特急スーパー白鳥
八戸〜函館 → 新青森〜函館
2002年〜2016年

『白鳥』の速達列車で、JR北海道の789系で運転された。本州に乗り入れる唯一のJR北海道の電車特急だったが、北海道新幹線の開業に伴って廃止となった。

変わりゆく車内設備

1964年に登場した0系新幹線のシートは、リクライニングのないものだった。また2列席は進行方向に向けて回転のできるシートだったが、3列席は回転できず、背もたれをずらして進行方向を変えるもので、2列席と3列席の座り心地に差があった。また当時は喫煙が当たり前の時代で、禁煙という概念もなかった。

一方、長距離＆長時間移動ということで、食堂車や軽食のできるビュフェなども用意されたり、個室シートのある車両なども登場する。こうした車内設備の流れをみてみよう。

0系のシート。2列は回転式、3列は転換式となっていた。シートピッチ内で、3列のものを回転できなかったためだ

100系のシート。シートの構造を工夫して、3列でも回転式に。またリクライニング機能が搭載された

進化するシート

車両幅と乗車人数の関係から、どの新幹線でも普通車では2＋3列、グリーン車は2＋2列が基本となっている。快適な居住環境の向上のため、シートは常に改善されていっている。

グリーン車

現在のような、グリーン車や普通車となったのは1969年春から。それまでは、1等車、2等車と呼ばれていた。これに伴ってグリーンマークが登場している。

現在当たり前のように見るこの表示は、1969年から始まったもの

0系のグリーン車の座席。2＋2列でゆったりとしているほか、リクライニングも完備されていた

N700Sのグリーン車。電動リクライニングのシート。また走行中は、照明が暗く落とされるようになっている

E5系やE7/W7系に連結されているグランクラス。シートの独立性が高く、個室のような雰囲気

禁煙車

現在のように全車禁煙となったのは、約20年ほど前から。もともとは喫煙OKが主流で、禁煙専用車両が登場したのは1981年から。

1号車が禁煙車となった。外にも表示がされた

車内にも禁煙のマークが表示されるようになった

ビジネスシート

移動中の車内でも仕事ができる環境に、という発想は1988年に登場した0系『ウエストひかり』にはあったが、以降コロナ禍まではどの新幹線でも採用されていなかった。2024年現在では、JR東海の『S Work車両』、JR東日本の『TRAIN DESK』などが登場している。

車内放送のないサイレントカーに机つきの個室・ビジネスルームを設置したウエストひかり

東海道新幹線では7号車に専用の車両を用意。座席が広く使えるS Work Pシートや、ビジネスブースを設置している

上：0系のビュフェ
下：100系の食堂車

食堂車

0系の登場時から軽食の摂れるビュフェはあったが、食堂自体は1974年から。その後、100系の2階建て車両による眺めの良い食堂車や、200系のビュフェが登場したが、新幹線の高速化とともに食堂でゆっくりする時間が減り、以降の新幹線には採用されていない。

車内電話

新幹線の登場時から車内電話が装備されており、通話ができるようになっていた。デッキ部に専用の個室が用意されていた。

ダイヤルなどはなく、当初は交換手につないでもらう形式。1989年にダイヤル式の車内電話が登場している。携帯電話の普及に伴い、2021年に廃止された

1982
本州を横断する最速の大動脈に成長した新幹線
上越新幹線

　首都圏と当時の日本海側を代表する都市新潟を直結する新幹線。上越新幹線の「上越」は新潟県南西部を意味する上越地方ではなく、在来線の上越線と同じく上州（上野国）と越後を結ぶ路線を意味している。

　2024年現在の上越新幹線列車は新潟県内にのみ設定されている区間列車を除き、全列車が東京駅に乗り入れている。上越新幹線は大宮～新潟間の新幹線路線であり、大宮以南の区間は東北新幹線への乗り入れという状態になっている。

　列車速度は210km/h、240km/h時代を経て、2023年3月からは275km/hに向上している。在来線時代上野～新潟間は特急利用で約4時間を要していたが、2024年現在東京～新潟間は上下平均最速で1時間30分にまで短縮されている。

特急『とき』

200系『あさひ』『とき』

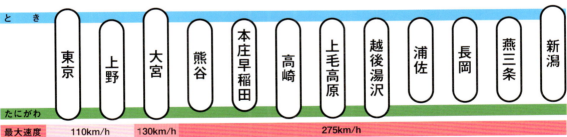

とき											
東京	上野	大宮	熊谷	本庄早稲田	高崎	上毛高原	越後湯沢	浦佐	長岡	燕三条	新潟

たにがわ

最大速度 110km/h 130km/h 275km/h

起点●大宮
終点●新潟
駅数●10（開業時9駅。のちに1駅追加）
開業日●1982年11月15日
事業者●国鉄→JR東日本
営業キロ●269.5km
最高速度●275km/h

81

主な出来事

大宮〜新潟間開業
1982年11月15日

上越新幹線は中山トンネルの異常出水事故、伊奈地区の用地取得遅れにより建設工事が停滞した。この結果東北新幹線との同時開業は叶わず、1982年の冬多客期を目前にした11月15日に開業した。

開業当日は大宮・新潟の両駅のみならず、中間駅でも盛大な出発式が挙行された。写真は大宮駅で執り行われた『あさひ』301号の出発式の様子。テープカットの名誉を受けた編成はE28編成だ。

あさひ275km/h運転
1990年3月10日

1990年3月改正では主要駅停車タイプの『あさひ』の下り2本で275km/h運転を開始した。これは大清水トンネルから塩沢トンネルにかけて続く約39kmの下り勾配を利用して275km/h運転をおこなうものであった。

速度向上用編成としてATC信号の改良やブレーキ容量増加、車体平滑化、パンタカバーおよび引き通し線カバー設置などの改造を施した200系F編成の編成番号を90番代に区分し、4編成が275km/hに対応した。

E1系投入
1994年7月15日

上越新幹線では東京〜高崎間の輸送量が大きく、とりわけ朝夕の通勤時間帯は着席することが困難なほどの混雑具合を呈していた。

1994年に登場したE1系は輸送力に特化した全車2階建て構造の12両編成で旺盛な新幹線通勤利用に応えた。

当初東北・上越新幹線で共用されていたE1系は1999年12月改正以降上越新幹線系統専用車両にシフトし、2012年に廃車されている。

E2系投入
1998年12月8日

東北・北陸新幹線用として投入されたE2系はその後の増備により車両運用に余裕ができた。これにより1998年12月8日からは上越新幹線『あさひ』2往復に充当された。この段階でE2系は上越新幹線内で最高運転速度を240km/hとしたが、加速力や減速力が200系よりも優れていたことから、結果的に所要時間の短縮を実現している。

上越新幹線系統へのE2系投入は2004年3月改正でいったんは消滅したが、2012年9月改正で200系の置き換えとして営業運転を再開した。

E4系投入
2001年5月7日

1997年に登場したE4系は当初東北新幹線系統でのみ運転されていたが、2001年5月7日からは上越新幹線系統での営業運転が始まった。

上越新幹線系統の2階建て車両はE1系とE4系という2系統になり、8両編成を2本併結した16両編成が上越新幹線にも登場した。

上越新幹線の輸送量は高崎と越後湯沢で段落ちするという実績から、高崎では併合作業、越後湯沢では分割作業がおこなわれる列車も設定された。

現美新幹線登場
2016年4月29日

現美新幹線は「乗って楽しむ列車」として2016年4月に登場した。車両は秋田新幹線用増備車として落成したE3系R19編成を転用改造している。

車体外観は黒をベースに長岡の花火が表現されている。また下り列車基準の右側側窓は一部を残して埋められている。車内は現代アートの展示スペースやカフェスペースとなっている。

『現美新幹線』は休日などに運転する多客臨時列車の『とき』として越後湯沢〜新潟間に設定された。

E7系登場
2019年3月15日

北陸新幹線系統の第2世代車両として開発されたE7系は2019年3月改正で上越新幹線系統の列車での営業運転を開始。導入初年度は3編成のうち2編成の外観を上越新幹線使用として、ロゴマークの設置と側帯に「朱鷺ピンク」のストライプを追加した。

当初の計画では2020年度中にE4系を置き換える計画であったが、2019年10月の台風で北陸新幹線用のE7系が一部廃車となり、増備計画に大幅な変更が生じた。

275km/h運転開始
2023年3月18日

E7系増備によりE4系とE2系の置き換えが完了し、上越新幹線区間は車両の統一が完了した。

E7系導入開始後も列車の運転速度はE4系時代の240km/hに抑えられており、E7系の最高運転速度である275km/h運転をおこなうためには、防音壁の更新や振動対策など地上設備の改造が必要であった。2023年3月改正では、地上設備の改造が完了し、上越新幹線区間での275km/h運転が始まった。

83

1978年 高崎

高架橋の建設が急ピッチで進められる1978年の高崎駅付近。手前は大宮方で、奥が新潟方。高崎駅の新幹線用地は駅裏側である東口駅舎を解体し、留置線群を移転整理して用地を確保している。

高架橋上から在来線駅側を撮影したもの。高架橋橋の張り出し部分はのちに新幹線下り2番線として整備された。

開業前後の様子

　1971年に着工した上越新幹線は、ルートについてもできる限り直線距離を採ったことから、営業制度のうえでは同一路線となる高崎線・上越線・信越本線とはやや離れた位置に建設された区間もある。

　特色として、建設主体を鉄道建設公団、併設駅の建設を国鉄に委託するという手段が採用されたことが挙げられる。これが東北新幹線建設との大きな違いであり、土木構造物には鉄道建設公団独自の工程やデザインが見られる。

在来線ホームから高架橋部分を撮影したもの。旧駅はホーム間を跨線橋で連絡していたが、新幹線建設で跨線橋が支障したため一部を撤去。8番線を仮線・仮ホーム化をし、高架下へ移設した

1982年
高崎

駅前広場建設工事が進む新幹線側駅舎となる東口。自由通路の共用はすでに開始されている。新幹線ホーム階の風除けには新幹線11月開業の文字が確認でき、駅設備も開業に向けたPRをおこなっていたことがわかる。東口付近は2024年現在ペデストリアンデッキが整備されており、駅裏とされていた東口周辺は商業施設が林立する。

1978年
金島駅付近

高崎〜上毛高原間の新幹線ルートはほぼ直線で榛名山を越え、吾妻川を橋梁で渡河するルートになっている。写真は新幹線と吾妻線が直交する吾妻線金島駅付近の様子。
吾妻川の右岸側には金島駅から分岐する建設基地が設置され、建設資材の搬入がおこなわれた。上は吾妻線と並行する建設基地専用線。吾妻線を行く車両は183系の特急『白根』。
下は吾妻線大前方から撮影したもの。建設基地専用線は吾妻川橋梁の上り線側の地上部分に並行するように建設された。

1978年〜1982年
赤谷川橋梁

赤谷川橋梁は高崎〜上毛高原間に架橋された延長298mの橋梁である。この付近は深い谷になっているだけではなく、付近は「黒岩八景」と呼ばれる景勝地でもあったことから、橋梁には景観への配慮も求められた。
課題となった景観への配慮として、河川部分を乗り越す部分は当時世界最大級となる径間126mの逆ランガーRCコンクリートアーチ橋が採用された。
上は地上から橋梁の新潟方を撮影したもので、右は大宮方を撮影したものだ。

1982年
熊谷

上越新幹線は埼玉県内伊奈地区での用地取得遅れにより、大宮〜越後湯沢間の設備監査は1982年6月1日にようやく実現した。
熊谷駅上り1番線に逆線入線する925形S1編成を使用した試験電車。熊谷駅ホームでは試験電車の出発を祝うテープカットがおこなわれた。熊谷駅上りホームは第2副本線を備えた島式ホームとなっているが、式典の開催のため、上り第2副本線は板張りとして式典スペースを確保している。

熊谷駅上り2番線に逆線到着する試験列車。ホームは16両分あるが、上屋は12両分のみ整備された。左端に見えるのは秩父鉄道熊谷駅。

1978年
大清水トンネル

大清水トンネルは上毛高原〜越後湯沢間に建設された延長22,221mのトンネル。完成当時は世界最長の陸上トンネルとして有名になった。乗車すると上毛高原〜越後湯沢間は1本のトンネルのように感じるが、実際には月夜野・第1湯原・第2湯原・大清水という4本のトンネルで構成されているものを、トンネル相互間をフードで連結させている。

工事は、大宮方から谷川・保登野沢・万太郎谷・仙の倉・松川・湯沢という6工区に分割して掘削が進められた。トンネル掘削工事の足掛かりとなる作業坑は谷川工区のみ横坑を採用し、その他5工区は斜坑を採用している。国内屈指の山岳地帯を抜くトンネルであり、万太郎谷工区は斜坑ですら916.7mの延長となっている。上は万太郎工区と湯沢工区の様子を撮影したもの。斜坑そばに設営された作業スペースには搬入を待つレールが整然と積まれている。

軌道スラブの搬入を待つ本坑の様子。敷設されたレールは運搬用として敷設されたもの。トンネル内に搬入されたレールは本坑内で溶接してロングレールに加工されている。

大清水トンネル新潟方坑口の様子。坑口カルバートの脇の道路は湯沢町道。右画像は越後湯沢駅高架橋から大清水トンネル新潟方坑口を撮影したもの。高架橋本体は概ね仕上がっているようだが、路盤は手付かずの状態。

新潟方坑口から本坑へわずかに入った地点。仮軌道の上を鉄道建設公団所有のモータカーが進む。

本坑大宮方を撮影したもの。運転取扱上トンネル内の新潟方一部は越後湯沢の場内にあたり、折り返し用の上下渡り線が挿入されている。分岐スペースを確保するため坑口付近は開口スペースがわずかに広い。

1978年
越後湯沢

1978年冬の越後湯沢駅の様子。到着した列車は183系『とき』。多くの利用者がスキー用具を手に列車を待っている。ホームの背後には雪を被った新幹線の高架橋が見える。

大清水トンネル坑口付近から越後湯沢駅方向を撮影したもの。降り積もる雪は建設作業のブレーキになり、冬季間の鉄道建設の課題として残された。

上越線越後湯沢〜岩原スキー場前間の跨線橋から撮影したもの。183系が清水トンネルの難所に挑まんと急ぎ足でかけていく。

1982年
越後湯沢

新幹線施設が完成した越後湯沢。下り1番線から200系車両が出発したところ。本州中央を隔てるように聳え立つ谷川連峰の突破により、上越新幹線は完成に一歩近づいたといえよう。

1980年
新潟

上越新幹線の終点新潟。新幹線駅は駅裏側となる在来線の南側に併設された。駅用地は新潟運転所を上沼垂に移設して捻出している。ホーム階の外観は客船の丸窓（舷窓）をモチーフにしている。
新幹線の線路は新潟駅からさらに奥への伸び、東新潟駅付近に設置された新潟新幹線第一運転所（現在の新潟新幹線車両センター）まで続いている。

1980年
燕三条

上越新幹線では上毛高原以北区間の各駅が雪対策として全覆い式を採用している。写真は燕三条駅の上りホームから新潟駅方向を撮影したもの。この時点では駅長事務室も設置されておらず、ホームは端部まで見通すことができる。

1976年 九日町融雪実験

上越新幹線では東北新幹線と比較にならないほどの降雪・積雪が予想され、新幹線の雪対策を根本から見直す必要が生じた。そこで雪対策の設備施設の研究深度化を図る目的で九日町（浦佐付近）に高架橋を含む大規模な試験設備を先行建設した。

高架橋上には軌道の種類としてバラスト軌道やスラブ軌道、カント設定、スプリンクラーによる消雪方法が検証された。

消雪対策として採用が決定したスプリンクラーに関連する試験の様子。消雪に必要な水温や、利用した水の循環方法などが検証されている。

1981年 長岡実験線

線路設備の建設工事が順調に進んだ新潟口では長岡～新潟車両基地間で1980年11月から線路設備の使用が始まった。この使用開始は雪対策の走行試験であり、開業まで2シーズンの冬を試験に費やした。左は、長岡駅新幹線側駅舎から大宮方を撮影したもの。

下りホーム大宮方端部から大宮方を撮影したもの。線路を覆い隠すほどの雪は試験用として人為的に盛られたものだ。

1980年 新潟新幹線第一運転所

新潟地区の車両基地は新潟駅から南東方向に約6km離れた東新潟付近に設置された。この付近は海に近い平野部であることから、内陸部に比較すると降雪量・積雪量ともに少ないが、着発線はすべて建屋内に収められていることが特徴。
1980年冬に始まった走行試験用の車両は、新潟港から陸送で新潟新幹線第一運転所に搬入されている。

後から追加された駅

9駅で開業した上越新幹線は、開業後に請願駅として本庄早稲田を追加した。

またスキーリゾートブームに乗った駅としてガーラ湯沢が開業した。ガーラ湯沢は営業区分としては博多南線と同じ在来線扱いとなっていることが特徴である。

また線路は越後湯沢構内から分岐するもので、当初計画では将来的には電留線とする計画で、開業時点では保守基地線および保守基地となっていた。

1990年ガーラ湯沢（上越支線）

上越新幹線開業直前の湯沢保守基地を本線側から俯瞰したもの。橋梁の路盤にはスプリンクラーの配管が先行整備されている。開業時の計画では、将来的に16両編成対応の電留線3線を設備するように手戻りのない設計で竣工した。

ガーラ湯沢開業後を上段写真とほぼ同じ場所から撮影したもの。保守基地はガーラ湯沢駅の本屋内に集約されている。ホーム上屋に隠れるように見える門型クレーンの位置は変化しておらず、駅設置前後の位置関係がわかりやすい。

2004年　本庄早稲田

2024年現在で上越新幹線唯一の請願駅である本庄早稲田。上は駅表側となる北側を撮影したもの。駅開設によって北側は商業施設やパークアンドライドに対応した大規模な駐車場が整備されている。
駅名の「早稲田」が示すように駅裏には早稲田大学本庄キャンパスがあり、通勤通学時間帯には乗車利用と降車利用ともに混雑するという、他の請願駅とは異なる流動となっている。

本庄早稲田には駅構造の特徴として、大宮方は盛り土、新潟方は高架区間という土木面から見た特徴がある。
これは駅のほぼ中央にある高架橋を道路から新潟方を見て撮影したもの。
左の高架橋は下り副本線用として追加腹付設置されたもの。

本庄早稲田駅大宮方にある跨線橋から撮影した駅設置前後の画像。跨線橋は撮影場所が少ないと言われる上越新幹線でも、首都圏から近いお手軽ポイントとして知られていた。駅設置では副本線部分の法面が切り開かれていることがわかる。また開業後の線路背後は水田を見ることはできず、大規模な開発がおこなわれたことを如実にあらわしている。

車両の変遷

　上越新幹線の営業用車両は200系を初代系式として、2024年までに6系式が営業運転に使用されてきた。最高運転速度は210km/hから始まり、2023年3月改正では275km/hに統一された。

　車両の変遷では「東北新幹線のお下がり」というイメージが強かった上越新幹線だが、200系以来となる新車であるE7系が導入され、乗車する魅力も一段と増している。

1982年　210km/h

200系

開業と同時に投入された初代車両。当初投入された12両編成はE編成に区分された。1987年以降各駅停車タイプの『とき』は乗車率低下が課題となり、10両編成、さらに8両編成に減車・組替をおこない、あらたな編成記号としてG編成に区分された。

1999年　240km/h

200系 リニューアル車

内装や各種機器に陳腐化が進んでいた200系に対し、今後10年程度の使用に耐えうる延命を目的に施工されたリニューアル車両。1999年12月に営業運転を開始しし、2011年11月で東北新幹線系統での営業運転が終了。全編成が上越新幹線系統の専用車両となった。

1982年　275km/h

200系 1500番代 F90番代編成

上越新幹線上毛高原～浦佐間（大清水トンネル～塩沢トンネル間）での275km/h運転に対応した特別仕様編成。主な変更点としてATC信号追加、ブレーキ容量増加、車体平滑化、パンタカバーおよび特高圧引き通し線カバー装着などが挙げられる。高速走行するのは下り列車のみなので、東京方運転台は他のF編成と同じ。

1994年　240km/h

E1系

通勤通学需要に対応するため投入された全車2階建て車両。1994年7月から『MAXあさひ』『MAXとき』として営業運転を開始した。1999年12月改正で、上越新幹線系統専用車両になり、2003年からはリニューアルとして外板塗色を変更するとともに、内装は座席モケット類のデザイン変更をおこなった。

1997年 240km/h

E2系

運転系統の上越新幹線へのE2系投入は1999年12月から2004年3月までと2012年9月改正から2023年3月改正までの期間となった。前者は8両編成の『あさひ』として2往復に充当され、後者は10両編成のJ編成が『とき』『たにがわ』として活躍した。

1997年 240km/h

E4系

E1系のマイナーチェンジ車両として1997年に投入。当初は東北新幹線系統の専用車両であったが、2001年5月の運用改正で上越新幹線系統の列車として営業運転が始まった。
2012年9月改正で東北新幹線系統での営業運転を終了し、全編成が上越新幹線専用車両となった。2016年からは外板塗色をE1系と同じパターンとするリニューアルを実施した。

2016年 240km/h

E3系 7000番代

『現美新幹線』という車両愛称が示すように、車内は現代アートの展示スペースをメインにした内装となっており、座席は1号車にのみ設置され、2～6号車は回遊展示スペースとして活用されている。2016年4月にE3系を改造して営業運転を開始した。

2019年 240km/h

E7系

E4系やE2系1000番代を置き換える目的で2019年から投入された。車両の仕様は先行して投入されていた北陸新幹線用のE7系と同じで、編成記号もFで統一されている。最高運転速度は2023年3月改正で240km/hから275km/hに向上した。

新幹線開業で消えた列車、生まれた列車

　新幹線開業以前の高崎線・上越線は上野から大宮を東北本線、高崎までを信越本線系統の列車と線路を共用していた。このため特に高崎までの区間では輸送力の改善が必要とされた。
　新幹線開業により上野口の上越線に乗り入れる優等列車は大幅に整理されたが、新幹線の恩恵が及ばない支線には新幹線開業で新たな優等列車を設定して、直通需要に対応した。
　ここでは新幹線開業で廃止あるいは変更、新たに設定された列車の一部を紹介する。

特急とき 消
東京・上野～新潟
1962年～1982年

信越本線新潟口の電化完成により、1962年6月改正で上野～新潟間に1往復が設定。151系をベースに急勾配・耐寒耐雪機能を強化した161系が使用された。
使用車両はのちに181系や183系となり、設定本数も最盛期の1978年10月改正では14往復となった。
1982年11月の上越新幹線開業で廃止。愛称は新幹線の各駅停車タイプの列車愛称となった。

特急はくたか 消
上野～金沢
1965年～1982年

1965年10月改正で信越本線経由の上野～金沢間特急として設定。1969年10月改正で運転経路を上越線経由に変更した。
設定本数は長く1往復が続いたが、1979年10月改正で1往復が増発され2往復体制となった。
新幹線開業により2往復ともに廃止されたが、長岡～金沢間については『白鳥』『北越』に運転時刻が引き継がれた。

特急いなほ 変
上野～秋田・青森 → 新潟～秋田・青森
1969年～現在

1969年10月改正で上越線経由の上野～秋田間特急として登場。首都圏～秋田の特急は奥羽本線経由の『つばさ』とともに2ルート体制となった。
当初はキハ81系を使用していたが、羽越本線の電化完成で1972年10月に485系化された。
新幹線開業により始発駅は新潟発着に変更され、2024年現在も活躍を続けている。

新特急谷川/特急谷川
上野～水上
1982年～1997年

1982年11月改正で上野～水上間に4.5往復が設定。水上までを定期列車とし、季節延長として越後湯沢や石打に延長した。
新幹線開業では並行区間の特急が廃止される例が多いが、特急が設定された背景には、新幹線サービスの恩恵を受けにくい区間への直通サービスの提供があった。
『谷川』は1985年3月改正で「新特急」化。現在は東京～越後湯沢間の新幹線愛称として使用されている。

新特急あかぎ/特急あかぎ
上野～前橋・桐生
1982年～現在

1982年11月改正で上野～前橋間に1.5往復が設定。支線区への上野からの直通列車が維持されたかたちとして設定された。
同区間には急行『はるな』もあり、上野～前橋間の所要時間は特急も急行もほぼ変わらない状態であった。
1985年3月改正で「新特急」化。設定時間帯は早朝上り、夜間下りというパターンは高崎線・両毛線利用者にヒットした。

特急鳥海
上野～青森
1982年～1985年

1982年11月改正で上越線経由の上野～青森間特急として設定。新幹線開業後の直通列車維持として設定が残ったパターンで、列車の性格は『つばさ』に限りなく近い。このため新幹線開業後の『いなほ』が新潟発着としたが、『鳥海』は新潟を経由しない列車となった。
1985年3月改正で臨時列車に格下げとなり、運転区間も上野～秋田間に短縮されている。

特急白根
上野～万座・鹿沢口
1971年～1985年

1971年4月に上野～万座・鹿沢口間の不定期特急として運転を開始。使用車両は当初157系、その後183系に変更となった。
1982年11月改正で定期列車化され、使用車両が185系に統一。上野～前橋間を『谷川』や『あかぎ』と併結した。
1985年3月改正で兄弟列車『谷川』『あかぎ』は新特急として残ったが『白根』は『草津』に改称され、愛称は消滅した。

99

騒音対策の進化

一般的な環境の中、物体が時速210kmで高速移動すれば、当然そこには〝音〟が発生することになる。大気を切り裂く、いわゆる「風切り音」が最低でも起きる。新幹線では車両の風切り音以外に、レールと車輪の接触音、架線とパンタグラフからの放電音などさまざまだ。

1964年に開業した東海道新幹線では、移動の高速化による利便性とともに、こうした〝音〟による騒音の問題が顕在化した。公害として訴訟が発生するなど社会問題になったことを契機に、高速鉄道が発生させる音をいかに低減させるかという研究開発が行われていく。騒音を抑えながら、高速性を上げていく。60年の間に様々なアプローチが行われている。

防音壁

開業当時の東海道新幹線は、通常の鉄道と同様に特に壁に囲まれていなかった。騒音問題の発生以降、車両から発生する音を周囲の環境に広がらせないよう、線路の周囲に防音壁を施工した。

以降の新幹線では、基本的にこの防音壁が施工されており、主に高速移動によって基準値以上の音が発生してしまう区間に備えられている。

東海道新幹線の三島あたり。当初は上の写真のように防音壁はなかったが、1973年頃からつけられるようになった

東北新幹線の古川～仙台間の防音壁。普通の壁ではなく逆L字型になっている。環境や騒音レベルに合わせ様々な形状が施工されている

北陸新幹線、黒部宇奈月温泉の辺りの防音壁。豪雪地帯のため、雪がたまらないよう斜めにひさしが切られている。脇にある排雪ピットは、高架橋内の雪を除雪車で排雪する際に使用

←排雪ピット

パンタグラフ

0系初期のパンタグラフ。複雑な形状なうえ、特にカバーなどは設けられていない

車両形状

　空気抵抗を抑えて高速走行を可能にさせつつ、同時に風切り音を抑える。そういう先頭車形状の研究と模索が始まった。0系で丸っこい先頭車形状だった新幹線が、100系でシャープな形状に変わったのもその成果の一つだ。その後現在に至るまで、高速性を上げつつ騒音を抑える研究が続けられている。

　また、中間車においても、なるべく車両表面に凹凸をなくすことで空気抵抗を減らして騒音を抑えるべく、ドア周りの凹凸を減らしたり、連結部分の凹凸を減らすよう全周幌が設けられたりしている。

最初の新幹線0系と、高速化を図った100系の先頭

E5系の車両間にある全周幌。凹凸を減らし空気抵抗を極力なくしている

300系ではさらに先頭車の先鋭化が図られた。騒音や高速化のほか、トンネル微気圧波への対策などもありこの形状となっている

最新の東海道新幹線N700Sの先頭車形状。大気を切り裂くシャープな形状ではなく、凹凸を極力減らし緩やかに流していく方向となっている

　架線から集電するために必要不可欠な設備だが、ここも騒音の発生源となる。

　このため、パンタグラフにカバーをつけたり、数を減らしたり、シンプルな形状に変更していくなど様々なアプローチがとられている。

1990年に開発された300系。大きなパンタグラフカバーがついていた

現在主流となっているシングルアーム型のパンタグラフ。こちらはE2系のもの

最新のN700Sのパンタグラフ。碍子がおおわれた他、両側に板状の遮音板がついた

雪と新幹線

　新幹線が東北や上越に伸びていくにあたって大きな課題となったのが、寒冷と雪だ。気温の低下によって、大気中の水分が結露したり氷結することで機器の作動に不具合を生じさせる。また雪によって物理的に路面が埋まったり、車両内に侵入して機器に固着してしまう。比較的温暖な地域を走行する東海道・山陽新幹線では生じなかった問題が、立ちはだかることになった。

　こうした寒冷積雪地用の対策を施した車両の開発と、雪に強い路面の確保が課題となり、研究開発が行われた。結果、スノープラウ付きのスカートや、ボディマウント構造の車両、積雪させないためのスプリンクラーの設置や、水を流しても大丈夫な路面・軌道の確保といった整備がされた。

試験線でスノープラウの試験をしている926形。これをベースに200系新幹線が作られている

試験列車である961形にスノープラウと観測カメラ装置を付けたもの。1974年に試験している

雪に対応するため、200系ではスカートにスノープラウをつけたほか、車体下部を覆う形状になっている。下の0系と比べると違いがみてとれる

東海道新幹線

東海道新幹線の岐阜羽島～米原間、いわゆる関ケ原は豪雪地帯。そのためこのエリアでは雪対策としてスノーシェッドやスプリンクラーなどの設備が備えられている。

工事中のスノーシェッド。雪対策として1984年に建設

東海道新幹線は盛土のエリアが多いため、スプリンクラーで水を出しすぎると路面崩壊の可能性がある。そのため水量に気を付けるほか、高架区間などに設けられる

1984年に赤外線による融雪も試みられたが、あまり効果はなく撤去されている

東北・上越新幹線

P92で紹介したように、実験線上で雪に対する様々なテストを行った。その結果として、温水によるスプリンクラーの効果がつかめ、それらをベースに路盤が作られている。

降雪検知器。左右のセンサーの間を雪がどのくらい遮るかで降雪量を測定し、スプリンクラーを働かせる

雪山のふもとでは、トンネルとの間にスノーシェッドを作り、まるで1本のトンネルのようにつないだ

バラスト軌道でのスプリンクラー。温水によって融雪し、豪雪地帯でも路面を確保できるようになっている

103

1997 長野開業
2024 敦賀開業

急勾配の峠、寒冷地、豪雪地帯、電源周波数の変更……
JR東日本とJR西日本が運行する様々な難点のある路線

北陸新幹線

　北陸新幹線は高崎から新大阪を結ぶ路線で、高崎〜長野間は当初は難所である碓氷峠を代替すべく高崎〜軽井沢間のみフル規格、その先をミニ新幹線方式で建設する予定であった。しかし長野冬季五輪の開催決定により長野までのフル規格整備に変更された。

　また長野〜金沢間は、倶利伽羅峠や親不知付近が先行して1992年にスーパー特急方式で着工されたが、1998〜2005年にかけて全線でのフル規格整備へと計画変更された。加えて金沢〜敦賀間は当初からフル規格整備で2012年に着工している。この区間は平野を多く走るため他の整備新幹線よりも明かり区間が多いことが特徴となっている。敦賀から先の新大阪までの全通はまだまだ先だ。

特急『あさま』

E2系『あさま』

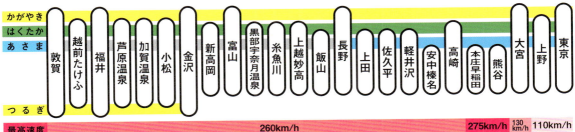

起点●高崎
終点●敦賀
駅数●24（追加駅1）
開業日●1997年10月1日（長野開業）
　　　　2015年3月14日（金沢開業）
　　　　2024年3月16日（敦賀開業）
事業者●JR東日本、JR西日本
営業キロ●575.6km
最高速度●260km/h

主な出来事

長野開業
1997年10月1日

群馬県と長野県の境にある碓氷峠は、交通の要所でありながらも急峻な峠を要する地域で、最大勾配66.7‰という鉄道の難所となっていた。新幹線では新たな路線を建設するがそれでも30‰の急勾配が22kmにもわたる。
開業は翌年の冬季長野オリンピックに合わせたもの。当初は「長野行き新幹線」「長野新幹線」と呼ばれた。

E7系投入
2014年3月14日

東京〜長野間は主にE2系が使用されていたが、長野以西への延伸に伴い、豪雪地帯へ対応する車両として新たにE7/W7系が開発された。
金沢の延伸開業より1年前から、JR東日本のE7系が導入されている。翌年の金沢開業時に、JR西日本のW7系の運行も開始された。

金沢開業
2015年3月14日

首都圏と北陸が新幹線1本で高速に結ばれた大きな転換点。米原経由の東海道新幹線＋特急という選択肢は変わらないが、越後湯沢経由の上越新幹線＋特急という流れはなくなり、北陸新幹線が1本で担うこととなった。
同時に並行在来線分離により、多数の第3セクター鉄道会社が生まれたタイミングともなった。

敦賀開業
2024年3月15日

金沢以西の北陸エリアへの延伸となり、1本で行ける便利さは向上した。半面、近畿方面から北陸へのアクセスは特急乗り継ぎとなり利便性は下がっている。敦賀駅での特急乗り換えも、初めての人にはわかりづらいとの声も上がった。新大阪への早期延伸が待たれる。

106

←工事中の第5ホーム→

←東北・上越用第6ホーム→

1997年 東京駅

東北新幹線、上越新幹線ですでに東京駅のホームは限界だった。北陸新幹線を迎えるため、中央線を重層高架化し2階へ移し、そのほか在来線を順次移動。在来線用だった第5ホームを新幹線用に作り替えるという工事が行われた。

駅の開業前後

現在、キロ程575.6kmと東北新幹線に次いで長い新幹線だ。群馬、長野、新潟、富山、石川、福井と6県をまたぐが、各地方で様々な変遷が見られるのが特徴だ。

1997年 碓氷峠

開業から100年以上、補機となる機関車での峠の上り下りのサポートが必要だった急峻な碓氷峠。北陸新幹線の開業で、この区間は廃止となった。
北陸新幹線でも急勾配であることは変わらず、最大30‰の連続した急勾配となる。
左は在来線時代の様子、右は開業前の試運転の様子で、安中榛名～軽井沢間の峠にかかる霧積川橋りょう。

1987年/1997年/2015年
長野

北陸新幹線開業前の長野駅、善光寺口の様子。信越本線、篠ノ井線、飯山線、長野電鉄の乗り入れるターミナル駅だ。駅舎のデザインは善行寺をイメージしたものだ

北陸新幹線開業後の同じく善光寺口。従来のイメージとは全く異なるデザインに変更。駅舎を橋上化し、駅の東西をつなぐ広い自由通路が通ることとなった。

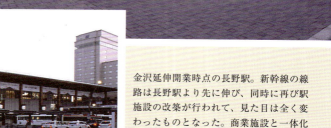

金沢延伸開業時点の長野駅。新幹線の線路は長野駅より先に伸び、同時に再び駅施設の改築が行われて、見た目は全く変わったものとなった。商業施設と一体化した駅ビルとなっている

長野が終点だった頃のホーム。現在と変わらず2面4線だが、このように発着待ちをする列車が並ぶ状態は、もう見られない

2014年 脇野田

信越本線にある駅の一つだった脇野田は、国鉄の分割民営化でJR東日本の所属となる。その後、北陸新幹線と在来線の接続駅、かつJR東日本とJR西日本の境界の駅として、若干移設され名称変更されることとなった。

2015年 脇野田

金沢延伸の半年前に駅の移設は完了。その後も脇野田駅として営業を行っていた。写真は北陸新幹線開業の前

2015年 上越妙高

北陸新幹線の金沢延伸とともに、上越妙高駅が開業。この駅以西がJR西日本、以東がJR東日本となる。在来線側の駅も上越妙高に名称変更となった。

1986年／2015年 糸魚川

新幹線との共用駅とするため、東北本線の糸魚川駅に隣接していた糸魚川機関区を解体。在来線の駅と新幹線の駅一帯の駅舎へと改められた。左は糸魚川機関区と特徴的だったレンガ造りの機関庫。この一部が、現在の糸魚川駅アルプス口に移設されている。

109

1994年/2015年 富山

北陸本線と高山本線の接続駅でもある富山。上は北陸新幹線が長野開業していない頃の様子。左は金沢延伸後。駅舎は建て替えられ、新幹線、高山本線、あいの風とやま鉄道の3路線が通る。隣に富山地方鉄道鉄道線の電鉄富山駅。現在は、路面電車（富山地方鉄道市内線）が南北に貫通している

2018年/2024 松任付近

金沢と小松のほぼ中間地点にあたる松任の付近に、北陸新幹線の白山総合車両所がある。北陸新幹線の敦賀延伸の前までは、この辺りに北陸新幹線の線路端があった（左）。右の写真は敦賀延伸後の現在。

2016年/2018年/2024年 予定杭

石川県白山市内にあった北陸新幹線の予定杭（左）からの定点観測。中央は2018年のもので、金沢延伸から3年後の段階で高架橋が伸びていっているのがわかる。右は開業後の現在

2014年～2024年
福井

福井駅は金沢延伸以前より、北陸新幹線の延伸開業に向けて着々と工事が進められていた。左は福井駅の目と鼻の先で、2014年時点で新幹線の高架橋が作られていた。看板の新幹線がE2系ということにも注目。

福井駅近辺の踏切をなくすためえちぜん鉄道の路線を高架化。その際、先行して完成した新幹線の高架橋を一時的に借りていた

2016年のえちぜん鉄道新福井駅。だが、仮の駅であり、ここは後に新幹線の本線となる場所。構内に踏切があるなどしている

こちらも2016年。新幹線用の高架上を走るえちぜん鉄道の車両。左手側の白い壁に注目。これは在来線の福井駅のものだ

2014年とほぼ同じ場所。高架橋の上は新幹線の路盤となっている。左にある白い壁で、同じ場所だというのがわかる

新幹線の駅ホームの建設中の様子。写真は2019年のもの。奥にはすでに、えちぜん鉄道の福井駅が完成しているのがわかる。新幹線高架の東側に建てられた

敦賀延伸後、2024年現在の新幹線駅ホーム。かつてむき出しの高架橋だったところは建物におおわれている。奥のえちぜん鉄道の駅で、場所の同一性もわかる

新幹線用の高架↓

2018年/2024年
加賀温泉付近

加賀温泉〜大聖寺間にあるカーブ部から、開業前後の様子。左は2018年特急『しらさぎ』の向こうに建設中の高架橋が見える。右は2024年現在、同じ場所をハピラインふくいの車両が走る奥に、完成した新幹線の高架橋が見える

2019年/2024年
芦原温泉

すっかり建て替わった芦原温泉。写真は東口のもので、左の2019年時点では、こぢんまりとした東口に橋脚や建物の躯体が建てられていた。右は2024年現在。ちなみに従来の在来線側の表側は西口で、国鉄時代にできた橋上駅舎だったが、こちらも現代的建物に変化

新幹線用の高架↓　　　　　　　　　　　新幹線用の高架↓

2019年/2024年
敦賀

現在の終着である敦賀、2019年の段階では、在来線の南側（写真奥）に新幹線の高架が作られていた。右は完成後の現在。在来線ホームは変わらず、新幹線ホームが新たに作られた形だ。

敦賀駅ホームより望遠で。2024年現在の北陸新幹線の末端。奥に車止めがあるのが確認できる。

車両の変遷

　冒頭でも述べたように、北陸新幹線は難所が多い。急勾配を走行できる足回りを持った車両であること（主にブレーキ性能）、沿線の自治体が使う電力の違いによる電源周波数の切り替えが複数あること（佐久平〜軽井沢、上越妙高〜糸魚川、糸魚川〜黒部宇奈月温泉）、軽井沢などの寒冷地や、飯山〜黒部宇奈月温泉辺りの豪雪地帯があること。

　これらに対応できる車両でないと北陸新幹線では通用できないのだ。

1997年 260km/h
E2系

JR東日本の標準的な新幹線車両として新規開発されたE2系。東北・上越に投入されたJ編成と異なり、連結器を持たないN編成が主に運用されたが、それ以外の基本性能は同じ。電源周波数の切り替えにも対応。2018年まで運用された。

1998年 240km/h
200系F80編成

長野オリンピック輸送でE2系だけでは車両が足りず、急遽200系を改造し、足回り強化と車内の軽量化、60Hzに対応させて投入されたF80編成

2001年 240km/h
E4系P51/52/80/82編成

東京〜軽井沢間の輸送用に投入された。急勾配に対応する足回りを改造されている。またP80、P82編成は電源周波数の変更にも対応したが、軽井沢以北への乗り入れは実現していない

2014年 260km/h
E7系、W7系

長野以西の延伸用に開発された、雪にも強い車両。スカート部分がスノープラウになっているほか、床下機器を着雪から守るため床下ふさぎ板などを装備している

新幹線開業で消えた列車、生まれた列車

北陸新幹線は開業から18年は「長野新幹線」という名称で定着していたことからも、まずは東京～長野間輸送に特化していた。北陸への本格的な流れは2015年以降になるが、その間、東海道・山陽新幹線＋特急、上越新幹線＋特急などが北陸へのアクセスルートを担っていた。

北陸新幹線の金沢延伸によってこれらが大きく変わることとなった。

長野開業時

消

特急あさま
上野～軽井沢・長野
1966年～1997年

碓氷峠を抜け東京～長野間を結ぶ特急列車として登場。当初は181系による8両編成だったが、需要増加を受け189系による12両編成も投入。碓氷峠をEF63形電気機関車との協調運転で越えるための車両だった。1986年には489系も投入。
北陸新幹線の開業により廃止となった。

特急そよかぜ
上野～中軽井沢
1968年～1997年

都心の避暑地として、昭和の終わりから平成の頭にかけて軽井沢は一大スポットだった。この軽井沢需要を受けていた特急列車で、『あさま』の輸送を補助していた。
北陸新幹線の開業を受け、廃止となった。

特急白山
上野～金沢
1972年～1997年

首都圏と北陸を直通していた特急で、上野と金沢を約6時間で結んでおり、かつては食堂車も連結されていた。当初は3往復だったが、1992年に1往復に減便。
北陸新幹線の開業によって廃止となった。

特急みのり
長野～新潟 → 高田～長岡・新潟
1964年～1968年

新潟県内を走る特急列車。北陸新幹線『あさま』と連絡して、長野～新潟間をつないだ特急列車。高速バス輸送にかなわず、2001年に長野連絡を終え、翌年に廃止。快速『くびき野』に継がれた。

信越リレー妙高
長野～直江津
1997年～2002年

新幹線『あさま』と連絡して直江津との輸送を行った快速列車。だが直江津までは上越新幹線＋北越急行が速く、2002年に廃止。ほぼ普通列車の『妙高』となった。

特急スーパー雷鳥信越
神戸～長野
1997年～2002年

関西から北陸をつなぐ『雷鳥』のうち、長野までを結んだのが『スーパー雷鳥信越』。681系での運用では『スーパー雷鳥信越サンダーバード』などもあった。

金沢開業時

特急はくたか
越後湯沢～金沢・福井
1997年～2015年

上越新幹線の越後湯沢と北陸を連絡した特急。途中経由する北越急行ほくほく線内では最高速度160km/hで運転され、当時日本最速の特急。北陸新幹線金沢延伸で廃止。

特急北越
金沢～新潟
1970年～2015年

大阪～新潟を結んでいた特急だが、1998年に金沢～新潟間特急に変更。長岡経由の新幹線連絡特急だったが、2015年の北陸新幹線金沢延伸で廃止された。

新 特急能登かがり火
金沢～七尾・和倉温泉
2015年～現在

能登半島への連絡特急は『サンダーバード』『はくたか』『しらさぎ』などが担っていたが、北陸新幹線の金沢開業によって、新幹線連絡での能登半島への輸送列車とし『能登かがり火』が担うこととなった。

ダイナスター
金沢～福井
2015年～2024年

北陸新幹線の金沢延伸後、新幹線連絡で福井とつないでいた特急列車。朝と夜に運行されていたが2024年の北陸新幹線敦賀延伸によって廃止となった。

消 トワイライトエクスプレス
大阪～札幌
1989年～2015年

近畿と北海道を結んでいた寝台特急。同列車が運行していた北陸本線の一部が、北陸新幹線の金沢延伸により並行在来線化。これを機に、廃止となった。

敦賀開業時

変 特急しらさぎ
名古屋・米原～富山 → 名古屋・米原～敦賀
1964年～現在

東海道新幹線と連絡し、名古屋・米原と富山を結んでいた特急。北陸新幹線の延伸に伴い、名古屋・米原～金沢を経て、現在は名古屋・米原～敦賀となっている。

特急サンダーバード
大阪～富山 → 大阪 → 敦賀
1964年～現在

大阪と富山や新潟を結んでいた特急で、元は特急『雷鳥』。北陸新幹線の延伸に伴い、大阪～金沢を経て、現在は大阪～敦賀となっており、新幹線のリレー列車となった。

幻の新幹線駅

請願によって後からできた新幹線の駅は、各新幹線の部分で紹介した通りだ。これ以外にも、神奈川県の寒川町倉見のあたりに東海道新幹線の新駅や、静岡空港に新駅、などの話題があったりするが、実現の可能性は未知数だ。

これらとは別に、しっかり計画がされていながら実現されなかった、あるいは建設途中だったにもかかわらず開業に至らなかった新幹線の駅がある。全者は上越新幹線の新宿駅、後者は東海道新幹線の南びわ湖駅だ。

新宿駅

東北新幹線と上越新幹線が、開業当初は大宮始発だったのは前のページで触れている通り。当然大宮〜東京間を結ぶ予定だったが、両者がともに東京駅に接続されると路線の逼迫が予測たため、上越新幹線の起点は新宿が計画がされた。また中央新幹線構想もあり、この起点も新宿が予定されていた。

大宮〜新宿間のルートは、東北貨物線（現在の湘南新宿ライン）の敷地を使って東京都まで入り、そこから池袋を通って新宿につながる想定がされていた。ところがメインとなる大宮〜東京間のルートで建設反対の声が大きく、微妙なルート変更をしながら長い時間と資金をかけて開通。その間に、新宿駅の予定地であった新宿貨物駅はタカシマヤタイムズスクエアなどの商業施設として転用されるなど様々な状況の変化があり、新幹線新宿駅は幻のままとなっている。

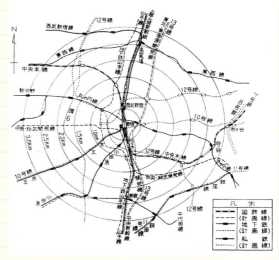

『交通技術』（1975年5月）より引用

南びわ湖駅

滋賀県にある栗東駅からほど近く、東海道新幹線とJR草津線が交差するエリアの近くに、新たに東海道新幹線の駅が建設される予定だった。これは地元の3市11町が1988年に推進協議会を設立、のちに滋賀県も加わった計画で、2005年にJR東海と合意し工事協定書が締結。2006年に着工された請願駅だった。

ところが同じく2006年に新たに滋賀県知事に就任した嘉田氏が、県議会で凍結を表明。これは投入される税金に対してリターンが少ないのではないか、という立ち位置からの表明だった。各所で議論が交わされたが、最終的に2007年10月末をもって駅の建設が中止となった。

進んでいた駅予定周辺の土地整理だが、現在は工場や商業施設などが入る場所となっている。

かつて南びわ湖駅のホームが予定されていただろう地点。駅前施設などが予定されていた場所は、ホームセンターとなっている

117

ミニ新幹線とスーパー特急

都市間を高速につなぐ新幹線だが、高速性と同時に安全性の確保が必要となる。このため、建設にあたっては荷重や振動、天候などの環境面から線路を敷設するに適した土地かどうかといったところから、安全な高規格線路をどのように建設していくかなどの課題が発生する。このため簡単には敷設できないし、当然建設費も莫大な価格となる。そこで考え出されたのが、「ミニ新幹線」と「スーパー特急」だ。

ミニ新幹線

すでに山形新幹線と秋田新幹線という形で運用されているのが、ミニ新幹線だ。

新幹線という名称になっているが、実は在来線だ。最高速度は130km/hまでしか出せず、ホームやトンネル、橋脚などの仕様は在来線そのままとなっている。架線の電圧や保安装置も在来線のものだ。新幹線の車両をそのまま在来線で走らせる、というのがミニ新幹線のざっくりとした概略だ。

在来線と新幹線での分かりやすい違いは線路幅だ。在来線は1,067mm、新幹線は1,435mmで、約40cmもサイズが違っている。当然新幹線の車両をそのまま在来線に通すことは出来ないのだが、山形新幹線（奥羽本線）と秋田新幹線（田沢湖線と奥羽本線）では、線路幅を新幹線と同じ1,435mmに改軌。新幹線の車両を直通できるようにしている。このため、同じ場所を走る在来線は、この線路幅に対応した車両を運用している。

初のミニ新幹線車両は、山形新幹線用に投入された400系

すでにある在来線のホームやトンネルを通るため、車体の幅は従来の新幹線車両より狭くなっている。このため、新幹線の駅では、ミニ新幹線の車両はホームから離れてしまうため、ドア下にステップが自動で出るようになっている

●3方式の違い

	新幹線	ミニ新幹線	スーパー特急
軌間	1,435mm	1,435mm	1,067mm
最高速度	200km/h以上	130km/h	200km/h
電圧	交流25kV （50/60Hz）	交流20kV （50Hz/60Hz）	交流20kV （50Hz/60Hz）
路盤規格	新幹線	在来線	新幹線

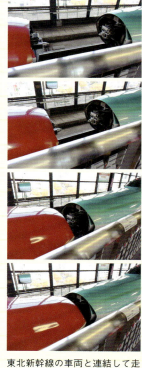

東北新幹線の車両と連結して走行するのが、ミニ新幹線の大きな特徴の1つだ

スーパー特急

　将来新幹線用に改軌しても大丈夫なように、高規格な路面を建設して在来線の特急電車を走らせますよ、というのがスーパー特急だ。
　線路幅は1,067mmで、最高速度は200km/hと想定されている。
　現在のところスーパー特急が走っている路線はない。北陸新幹線の石動〜金沢間、九州新幹線の新八代〜鹿児島中央、西九州新幹線の武雄温泉〜諫早などは、スーパー特急方式として着工されているが、建設が始まった後に、フル規格の新幹線に変更となっている。
　実のところ、高額な建設費では予算が下りないため、スーパー特急ということで着工して、予算が確保でき次第、新幹線に変更するためのやりくりの面が強い。

スーパー特急方式で着工しても、そのままフル規格に変更することが多いのだが、富山県と石川県の県境に近い部分で工事が進んでいた加越トンネルは放棄された。これはフル規格に変更した際、ルートの変更が行われたためだ。写真は工事の跡地

フリーゲージトレイン

　ミニ新幹線とは逆のアプローチで、在来線の線路幅を変えずに新幹線の車両で対応させてしまおうという方式。
　車輪の軌間を1,067mmと1,435mmに変換できるので、乗客は車両から降りずに新幹線と在来線を乗り通せるというものだ。
　1994年から研究開発が始まり、3次車まで開発されたが、軌間を変更できる機構を持ちながら高速走行やカーブなどに対応させるため車軸に負担が大きく、欠損や摩耗などの不具合を解消できていない。
　この3次車をベースに西九州新幹線の車両を開発する予定だったが、問題が解決できず2017年に断念。また北陸新幹線の敦賀以西に導入する構想もあったが、2018年に断念されている。

2次車の一部は愛媛県にある四国鉄道文化館に保存されている　　3次車は残念ながら解体となってしまっている

1992 開業

1999 新庄延伸

在来線を改軌して新幹線車両が通れるように変更
ミニ新幹線という初の試み

山形新幹線

　山形新幹線というのは通称で、実際には新幹線の規格ではなく、線路幅が新幹線と同じなだけの在来線で、福島〜新庄間は奥羽本線だ。

　車体幅、ホームやトンネル、橋脚の規格や、架線の電圧や保安装置などなにもかもが新幹線とは異なる在来線。ここに新幹線と在来線、両方を走れる車両を開発して運用するのがミニ新幹線（新在直通運転）で、この山形新幹線が初の試みとなった。

　構想自体は国鉄時代からあり、仙山線や田沢湖線でも技術検討された。

　本来の新幹線とは高速性の面で劣るが、東京〜新庄間を列車1本で直通できる利便性は高く、需要も高い。また、観光列車である『とれいゆつばさ』を一時期運行していた。

特急『つばさ』

400系『つばさ』

つばさ	東京	上野	大宮	宇都宮	郡山	福島	米沢	高畠	赤湯	かみのやま	山形	天童	さくらんぼ東根	村山	大石田	新庄
最大速度	110km/h	130km/h	275km/h	300km/h											130km/h	

起点●福島
終点●新庄
駅数●11（当初6駅。後に5駅延伸）
開業日●1992年7月1日
事業者●JR東日本
営業キロ●148.6km
最高速度●130km/h（東北新幹線で300km/h）

主な出来事

開業、400系登場
1992年7月1日

初のミニ新幹線として誕生。
専用車両である400系を新たに開発し、
新幹線と在来線の両方を支障なく走行できる車両とした。
また、東京〜福島間で東北新幹線の200系と連結走行するのも特徴。
福島駅で連結／解結して、専用のアプローチ線を介して
新幹線と在来線をつなぐなど、新たな試み尽くしの開業だった。

7両編成化
1995年12月1日

400系の車両は6両編成だったが、開業以降3年、
山形新幹線の需要の増大が著しく、
編成数を伸ばすことに決定。
6両編成の400系を増車し7両編成とした。
これまで400系は全車両が電動車だったが、
増車分は付随車となっている。

新庄延伸、E3系投入
1999年12月4日

山形から新庄までの奥羽本線の改軌工事が終わり、
新たに延伸開業が行われた。
同時に秋田新幹線用に開発されたE3系をベースに
山形新幹線用に1000番代の7両編成を投入。
従来の400系もE3系に合わせてカラーリングの
変更や内装の変更を行った。

E8系投入
2024年3月16日

老朽化してきているE3系の後継として、
東北新幹線での最高速度を300km/hに向上させた
E8系を新たに投入。
これは秋田新幹線用のE6系をベースに、
300km/hに最適化し定員を増やす形で
開発された車両となっている。

改軌工事の様子。新たに標準軌用の枕木を設置しなおし、レール幅を手作業で変更。またロングレールへの溶接などもこの時に行われている

1988年〜 改軌工事

駅の開業前後

　福島〜山形間では、在来線である奥羽本線を営業しながら改軌していくという難易度の高い工事が行われた。1988年から約4年かけて工事は完了している。

赤岩駅での工事の様子。複線区間では営業を行っている傍らで改軌工事をしたが、単線区間などは代替バス輸送も行われた

山形新幹線開業直後、奥羽本線では蔵王〜山形間で三線軌条(新幹線幅と、在来線幅のレールを両敷設)の区間があった

この三線軌条は、蔵王〜山形〜仙山線を通る貨物列車の運行があったため。1998年には運行が終わり、三線軌条は撤去された

123

1992年 福島

新幹線のホームと在来線を結ぶアプローチ線。山形新幹線用に福島駅に新たに設けられた。2024年現在上下線ともに使用

2024年 福島

上下線ともに1本のアプローチ線のため、東北新幹線の上下線を福島駅構内で渡る必要があり、山形新幹線の通過待ちで東北新幹線の運行が制限されていた。これを解消すべく、2021年7月から上り線用のアプローチ線を新たに建設を開始。現在、高架部分はほぼ完成してきている

1984年/1992年
峠

奥羽本線の峠駅は、急峻な板谷峠の勾配区間のため、かつてはスイッチバック駅で列車交換や給水作業などを行いながら列車を運行していた。同時に豪雪地帯のため、分岐器に雪が積もらないようスノーシェッドが設けられていた。
車両性能の向上によりスイッチバック設備は必要なくなり、改軌工事を機に廃止された。この際に、峠駅をスノーシェッド内に移動し、山形新幹線が通過する駅へと変わった。

1999年
新庄

山形開業の成功により地元の要望で新庄へ延伸することとなった。改軌工事には秋田新幹線で使われたビッグワンダーが活用された。
新庄の駅ホームは改軌された奥羽本線と、狭軌である奥羽本線が中央で分断されている特殊な形になっている。

125

車両の変遷

　初のミニ新幹線車両である400系は、メタリックな外観を持つ珍しい車両となった。
　在来線車体幅の車両のため、新幹線ホームでは隙間ができるため、出入り口にステップが出る構造。東北新幹線の車両と連結するための自動解結装置が東京方先頭車に搭載されている。また新幹線在来線の両電圧への対応、保安装置への対応など機能が盛りだくさん。これは現在のE6系、E8系にも引き継がれている。山形新幹線では3種類の車両が導入されている。

1992年　240km/h

福島～米沢間にある急峻な板谷峠を越えられるよう、全車両電動車で落成した6両編成。のちに7両編成へ増車した。福島～新庄間は最高速度130km/hだが、東北新幹線内では240km/hで走行

400系

1999年　275km/h

秋田新幹線用に準備されたE3系1000番代を7両編成化し、新庄延伸のタイミングで投入した車両。山形新幹線の区間では130km/hでの走行だが、東北新幹線区間では当初あ240km/hだったが、E2系と連結してからは275km/h走行を行った

E3系

2024年　300km/h

E8系

E3系の置き換え用として新たに投入された山形新幹線用の車両。秋田新幹線用のE6系がベースだが、最高速度は東北新幹線内で300km/hとなっている

新幹線開業で消えた列車、生まれた列車

在来線とはいえ、ミニ新幹線という立て付けはいわゆる特急列車だ。山形新幹線が登場することでそれまで同路線を担っていた特急は廃止となった。

一方で連絡を受けて運行しだす特急列車も生まれている。ただしこちらも、営業区間の延伸を受けて、役目を終えている。

消

特急つばさ
上野・福嶋～秋田
1961年～1992年

上野～山形～新庄～横手～秋田をつないだ特急。現在の山形新幹線とほぼ同様のルートをたどっていた。山形新幹線の開業により廃止。愛称は山形新幹線に引き継がれた。

特急こまくさ
山形～新庄・秋田
1992年～1999年

山形新幹線からの連絡で山形～新庄・秋田を結んだ特急。山形新幹線の新庄延伸に伴って特急は廃止。新庄～秋田の快速列車となった。元々は秋田行きだった特急『つばさ』の在来線特急として残った部分を名を変えて走った。

1997

特急列車をより便利に高速に
スイッチバック運用のある唯一の新幹線

秋田新幹線

　山形新幹線に次いで、在来線を改軌してミニ新幹線としたのが秋田新幹線だ。

　秋田新幹線の区間は、盛岡〜大曲までが田沢湖線、大曲〜秋田が奥羽本線となる。それぞれを改軌する工事だったが、バス代替などを行いながら 1992 年から約 5 年かけて行われた。

　秋田新幹線の開業以前は、東北新幹線から連絡する特急『たざわ』が同じルートをたどっていた。ミニ新幹線とすることで、この乗り換えの手間をなくして高速化したという形だ。

　開業にあたって、山形新幹線の 400 系とは別に 5 両編成の E3 系を投入した。その後、2013 年投入の E6 系では、E5 系と連結して東北新幹線を 320km/h で走行し、時間を短縮した。

特急『たざわ』

E3 系『こまち』

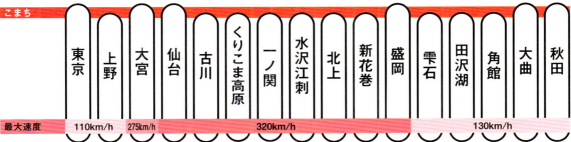

| こまち | 東京 | 上野 | 大宮 | 仙台 | 古川 | くりこま高原 | 一ノ関 | 水沢江刺 | 北上 | 新花巻 | 盛岡 | 雫石 | 田沢湖 | 角館 | 大曲 | 秋田 |

最大速度　110km/h　275km/h　320km/h　130km/h

起点●盛岡
終点●秋田
駅数●6
開業日●1997年3月22日
事業者●JR東日本
営業キロ●127.3km
最高速度●130km/h（東北新幹線区間は320km/h）

主な出来事

開業、E3系『こまち』登場
1997年3月22日

東北新幹線で盛岡まで通り、
そこから乗り換えずに秋田まで直行する。
山形新幹線でのスキームをそのままあてはめた
秋田新幹線が誕生。
新に東北新幹線区間で高速走行できるE3系を投入し、
愛称を秋田に関係するという伝承のある
小野小町由来の『こまち』とした。

6両編成化
1998年

秋田新幹線の需要増大にあわせ、増車が決定。
元来5両編成の車両を6両に増車。
またこれに合わせて、新たに6両編成の車両を製造し
投入している。
2つの車両の見た目の違いは、パンタグラフの碍子カバーで、
増車したものは3つ、新造したものは2つとなっている。

E6系、スーパーこまち投入
2013年3月16日

東北新幹線に投入された
最高速度320km/hのE5系と連結して、
320km/h走行が可能なE6系を秋田新幹線に投入。
ただし300km/hでの運行だった。
これにより東京～秋田間の所要時間が短くなった。
全車指定席化したため従来のE3系『こまち』と別に、
『スーパーこまち』という愛称となった。

E6系『こまち』へ統一
2014年3月15日

秋田新幹線でのE3系の運用が終了し、
全車をE6系へ統一。
東北新幹線内の最高速度が320km/hに向上。
それに合わせて、全車指定席化されたことから
愛称の『スーパーこまち』をなくし、
再び『こまち』へ統一された。

1992年〜
改軌工事

奥羽本線の峰吉川〜神宮寺間は、ミニ新幹線側の列車を走行しながら交換するために在来線側も使った三線軌条となっている。これ以外の区間は、在来線用の1,067mmとミニ新幹線用の1,435mmの単線並走区間となっている。

駅の開業前後

田沢湖線と奥羽本線で改軌工事が行われた。田沢湖線では列車を約1年運休しバス代替での工事が行われ、着工から約5年間かけて完成した。

田沢湖線、奥羽本線の改軌工事のために製造された軌道連続更新機『ビッグワンダー』。
従来の、3倍以上のスピードで改軌が行われた。
またこの機械は、山形新幹線の新庄延伸の際にも活用された。

↑在来線
↑ミニ新幹線

2018年 大釜

大釜駅での列車のすれ違いによる待ち時間を活用し、車両に付着した雪を解かす装置が設置された。融雪ピットの上に停車したE6系の台車に向け、約60度のお湯をノズルで吹き付けて融雪する仕組みだ。2019年の冬から導入されている。

2020年 秋田

もともと在来線であるため、秋田駅でのミニ新幹線のホームは、ほぼ通常の在来線と変わらない。ただし、秋田駅で1,435mm幅の線路幅は終端となっている。

車両の変遷

秋田新幹線に導入された車両は大きく分けで2種類のみで、E3系とE6系になる。どちらも、ミニ新幹線でありながら、東京〜盛岡間を高速走行できることが求められた車両となっている。また雪対策として、耐雪ブレーキを装備している。

E3系は当初5両編成だったが、導入からわずか1年で6両編成へと増車。需要の高さがうかがい知れる。E6系も投入からわずか1年でE3系を置き換え、速度向上の訴求力がうかがえる。

1997年　275km/h

E3系

開業時に投入された5両編成。400系とは異なり、電動車と付随車という構成となっていた。田沢湖線〜奥羽本線では急勾配もなく、それよりは東北新幹線での速度向上が求められた。

1998年　275km/h

E3系

6両編成化。5両編成だったものを増車した編成と、6両編成で落成した車両がある。上の写真は増車したもの。P130の写真が6両編成で落成したものだ。

2013年　320km/h

E6系

E5系と連結して、東北新幹線で320km/h走行を可能にした車両。E3系と異なり7両編成だが、先頭車のノーズが長いこともありE3系6両よりも定員は少ない

新幹線開業で消えた列車、生まれた列車

首都圏から秋田への輸送需要は高く、そのために各列車が高速化していった。東北新幹線の開業は一番大きな影響があり、ミニ新幹線といえど秋田新幹線の開業は輸送の流れを大きく変えている。

消 特急たざわ
上野〜秋田・青森
1982年〜1997年

東北新幹線と連絡して、秋田までを田沢湖線〜奥羽本線でつないだ特急。この特急に合わせて、田沢湖線が電化されている。盛岡〜秋田間を約1時間40分で結んだ。1997年の秋田新幹線開業で廃止となった。

新 特急秋田リレー
北上〜秋田
1996年〜1997年

秋田新幹線開業に向け、改軌工事のため田沢湖線が運休。そのため、東北新幹線の北上と秋田を北上線経由でつなぐ特急として誕生した。JR東日本唯一の気動車特急だった。
秋田新幹線の開業で役目を終え廃止となった。

特急かもしか
秋田〜青森
1997年〜2010年

秋田新幹線の開業によって廃止になった特急『たざわ』のうち、秋田〜青森間を特急『かもしか』として継承。東北新幹線の新青森延伸時に『つがる』に愛称が変更された。

消えた成田新幹線

整備新幹線として国の認可が下りていながら、中止となってしまった新幹線がある。東京～成田空港間を約30分で結ぶ路線として計画された成田新幹線だ。本来は、1978年の成田空港の開業に合わせ、アクセス輸送を行う予定だったが、計画された路線の地域住民の反対などで実質的な着工に至らず、1986年に中止となってしまった。

ただし成田線との交差地点から、空港の地下となる約8.7kmについては工事が行われ設備が完成しており、現在その設備は、京成電鉄のスカイライナーや、JR東日本の成田エクスプレスなどに使われている。

なぜ成田新幹線？

成田新幹線の計画は、空港から都心までスムーズな輸送を行うというものだ。当時は、既存の国鉄路線の成田駅を使う場合、空港との距離があるためバスなどの連絡輸送を行う必要があった。京成は空港近くに成田空港駅（現在の東成田駅）を設けていたが、都内のターミナルが上野であることが懸念された。道路輸送の場合は、京葉国道や首都高速を利用することになるが、すでに輸送量が多く到達時間に不安があるとされた。いずれにしても都心まで1時間以上かかると予想され、約30分で結ぶ新幹線が計画された。

空港の開業当初はAターミナル（現在の第1）のみのため、列車本数は上下合わせて90本ほど。およそ20分に本のイメージだ。また当初は6両編成だが、需要増加に伴って最大12両編成まで対応できるよう設計された。

3つのターミナル

駅は成田空港第1ターミナルの直下、東京、当時建設中の千葉ニュータウンの3つ。

東京駅は、現在の京葉線東京駅がある場所に建設予定だった。これは都内ルートについて、極力道路下を利用したかったことが挙げられている。また、新宿に建設予定だった上越新幹線の駅への延伸も考慮されていた。

千葉ニュータウンは建設中であったこと、需要が期待できること、東京と成田空港の中間に位置することなどが駅候補の決め手となっていた。

予定されていたルート

東京駅は鍛冶橋通りの直下に建設される予定で、以降、鍛冶橋通り沿いに進み、隅田川をくぐって越中島貨物駅で地上に出る。これは現在の京葉線と同じルートだ。この先は、そのまま東へ進み、地下鉄東西線の浦安駅あたりから西船橋までを沿うように進む。その後は、千葉ニュータウンまで直進。以降は、現在の京成スカイアクセス線と同じルートで成田空港へ至る。現在、時速160kmで高速走行する京成スカイライナーは、かつて計画された成田新幹線の半分の区間を通っているのだ。

1991年に成田空港駅が開業。成田エクスプレスとスカイライナーが空港輸送を担うこととなった

　博多、熊本、鹿児島を結ぶ新幹線。山陽新幹線との乗り入れにより、これらの各都市と近畿地方を結ぶ役割も果たしている。
　2004年に新八代～鹿児島中央間を先行開業。同時に九州新幹線専用の800系『つばめ』で運行を開始した。
　2011年には博多～新八代間もつながり、全線開業となった。またこのタイミングで山陽新幹線との直通をはじめ、直通専用のN700系R・S編成を導入している。さらに、最速達型の『みずほ』、速達型の『さくら』が設定された。また『つばめ』を各駅停車として、九州新幹線内のみの運用を継続する形となった。

特急『つばめ』

800系『つばめ』

2004 部分開業
2011 全線開業

トンネル内の急勾配区間が多く、
パワフルな車両が求められる新幹線

九州新幹線

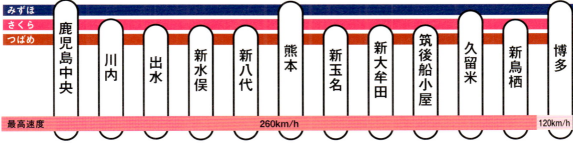

みずほ											
さくら											
つばめ											
鹿児島中央	川内	出水	新水俣	新八代	熊本	新玉名	新大牟田	筑後船小屋	久留米	新鳥栖	博多
最高速度				260km/h							120km/h

起点 ● 博多
終点 ● 鹿児島中央
駅数 ● 12
開業日 ● 2004年3月13日（部分開業）
　　　　 2011年3月12日（全線開業）
事業者 ● JR九州
営業キロ ● 288.9km
最高速度 ● 260km/h

主な出来事

新八代〜鹿児島中央開業
2004年3月13日

1991年、スーパー特急方式として八代〜西鹿児島（後の鹿児島中央）間で着工したが、のちにフル規格に変更となった。
2004年に新八代〜鹿児島中央が先行開業。専用の新幹線車両800系『つばめ』もデビューした。

全線開業
2011年3月12日

博多〜新八代間が完成し、全線開業を翌日に控えた3月11日、東日本大震災が発生する。開業日の変更はなかったが、開業に合わせたイベントなどはすべて中止となった。
右の写真は全線開業に向け、新たに投入されるN700系のうちR10編成で、開業CM撮影用にラッピングが施されていた。

開業100日
2011年6月19日

開業日に式典などが行われなかったため、「百日祝い（ももかいわい）」として改めてイベントを開催。
震災復興を祈願しつつ、改めて九州新幹線の全線開業の式典を行った。

1周年出発式
2012年3月17日

全線開通から1周年のタイミングで、「ありがとう」をテーマにしたキャンペーンを展開。
博多、新鳥栖、熊本、鹿児島中央の各駅で「1周年記念出発式」を開催した。

10周年
2014年3月8日

九州新幹線の部分開業10周年＆鹿児島中央駅への名称変更10周年を記念するイベントが開催。
ちなみに20周年を迎えた2024年3月にも同様のイベントが開催されている。

流れ星新幹線
2021年3月14日

九州新幹線の全線開業より10周年を記念して800系新幹線車内にサーチライトを搭載。窓から夜空に向けて光を放った。
これはコロナ禍で、外出を控える中でもイベントを行おうとしたものだ。

1999年
西鹿児島

新幹線開業前。
現在は鹿児島中央駅と名称を変えたが、2004年までは西鹿児島という駅名だった。

新八代～鹿児島中央開業前後

新八代～鹿児島中央が先行開業。博多～新八代間は専用のアクセス列車である『リレーつばめ』によってつないでいた。

2004年
鹿児島中央

九州新幹線開業直後。
駅名が西鹿児島に変わった以外、変化がないように見えるが、駅舎の上に新幹線のホームができており、桜島を象ったフレームが見えている。

現在の鹿児島中央駅では大階段の位置に駅ビルが建ち、桜島の形のフレームは見えない。こちらは新幹線のホーム端から見たところ。

2004年
新八代

新幹線用に新たに作られた駅。
先行開業だったため、博多〜新八代間は在来線の『リレーつばめ』によって新幹線と接続していた。
新幹線のホームでは専用短路線を経由した『リレーつばめ』と対面乗り換えになっており、現在の西九州新幹線の武雄温泉の様子と似ている。

2004年
出水

開業直前の2014年3月12日の出水駅構内の様子。
写真右に特急『つばめ』の姿があるが、ここを走るつばめは、これで見納めとなった。左は翌日スタートする肥薩おれんじ鉄道の車両。

全線開業前後

　九州新幹線の最大の効果は圧倒的時間短縮だ。鹿児島本線は単線区間やカーブが多く、速度が出せない路線で、博多〜西鹿児島間は約4時間かかっていた。これが約1時間半へ短縮された。

2010年 新鳥栖

開業前年の新鳥栖。九州新幹線用に新たに作られた駅で、在来線との接続駅となっている。
また、将来的に西九州新幹線との分岐点を想定して建設されている。

2024年 新鳥栖

現在の新鳥栖。駅前が整備された以外は特に変更はない。
開業当時は佐賀県内にある唯一の新幹線駅だったが、2022年の西九州新幹線開業により武雄温泉と嬉野温泉が加わって3駅となっている。

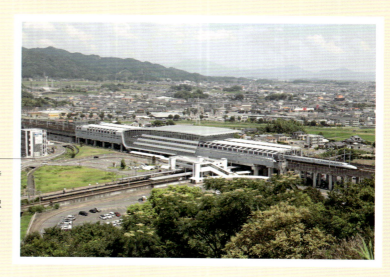

1975年頃
博多南付近

写真中央は山陽新幹線の車両基地である博多総合車両部。奥に見えるのが、博多から車両基地につながる路線。現在はこれが延伸して九州新幹線へのルートとなっている。

博多総合車両所のすぐ脇を通って山への勾配を上る九州新幹線の路線。上の写真と見比べると位置関係がよくわかる。

2011年
博多南付近

2011年
熊本

開業前日の熊本駅。在来線の奥に新幹線の高架とホームができているのがわかる。現在は手前の在来線が高架化されているため、このような姿は見られない。

2010年
新大牟田

九州新幹線用に新たに作られた駅。開業前年の段階では駅舎などはほぼ完成していたが、駅前は未整備だった。

2010年
新玉名

同じく九州新幹線用に作られた駅。こちらは開業前年の段階で、駅前の施設もほぼ完成していた。

2002
荒木

福岡県内にある荒木駅に建てられていた、九州新幹線の建設予定地杭。現在はこの上に新幹線の高架橋が通っている。

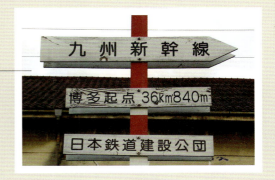

博多総合車両所のすぐ南にある山を貫いて走る高架橋。全線開業時には、山陽新幹線と直通運転を行うためのN700系R編成・S編成が投入された。

2011年
博多～新鳥栖

2011年
新下関～厚狭

全線開業前の1月、800系による山陽新幹線での乗り入れテストが行われた。最終的に800系は山陽新幹線に乗り入れることはなかった。

1986年 船小屋

鹿児島本線にあった船小屋駅。新幹線の筑後船小屋駅と在来線の接続駅とするため、2011年の筑後船小屋駅開業に合わせ駅の位置を南へ約500m移動した。また、同時に船小屋から、筑後船小屋へと改称となった。

2011年 筑後船小屋

2011年に開業した筑後船小屋駅。上は九州新幹線の駅。右は在来線の駅。駅舎は別々で、両者は100mほど離れた場所に位置しており、ロータリーの屋根付通路で連絡する。

車両の変遷

　新八代〜鹿児島中央間の先行開業時は、800系のみで運用されており、全列車が『つばめ』のため、車両名をロゴにして前面に出したものとなっていた。全線開業を控えた2009〜2010年に一部仕様が変更された1000番代、2000番代が登場している。

　2011年の全線開業時には、N700系をベースに8両編成化、山陽新幹線と九州新幹線を直通運転するためのN700系R編成（JR九州所属）、S編成（JR西日本所属）が投入されている。

2004年　260km/h

800系 0番代

九州新幹線『つばめ』用に投入された車両。外見的な特徴は、『つばめ』のロゴのほか、サイドに入っている赤いラインが先頭までまっすぐ伸びている点。また、ヘッドライトがシャープな形状となっている点。

2009年　260km/h

800系 1000番代 2000番代

全線開業に向けて増備された車両。ヘッドライトの部分が丸く盛り上がっているほか、サイドのラインが先頭部分などで曲線を描いている。また、当初は『つばめ』ロゴが入っていた。

2011年　260km/h

N700系 R編成

山陽新幹線との直通用にJR西日本とともに開発した車両。8両編成となっているほか、カラーリングも淡いブルーを帯びた白藍色がベースとなっている。また一部車両は2＋2のゆったりとしたシートなのも特徴。

147

新幹線開業で消えた列車、生まれた列車

　博多〜熊本、博多〜鹿児島など都市間をつなぐ特急列車が多く運用されていた鹿児島本線。九州新幹線の登場はこれら特急列車を大きく再編することとなる。同時に特急運用していた787系の車両が余剰となり、九州の様々な場所へ移動されていった。

　また新幹線を連絡する特急に観光列車が多く登場したのも、九州という土地の特性を現しているようだ。

消

特急つばめ
博多〜西鹿児島
1992年〜2004年

博多〜西鹿児島間を結んだ特急で、787系の車両で運行された。2004年の九州新幹線の先行開業により、『つばめ』の名称は新幹線に引き継がれることとなった。

変

特急有明
小倉・博多〜熊本・八代
1967年〜2021年

博多〜西鹿児島間の特急列車として運用されていたが、特急『つばめ』の登場で、博多〜八代間に変更。2011年の全線開業後は、博多〜熊本間の深夜早朝帯の運行となったが、2021年に廃止となった。

寝台特急なは
新大阪〜熊本
1975年〜2008年

大阪と鹿児島を結んでいた寝台特急。2004年の九州新幹線先行開業のタイミングで、新大阪〜熊本間の寝台特急へと変更となった。2008年に廃止となった。

リレーつばめ
博多〜新八代
2004年〜2011年

先行開業した九州新幹線と新八代で接続する列車として登場。新八代駅では新幹線との対面乗り換えとなっていた。九州新幹線の全線開業に伴って廃止された。

九州横断特急
人吉・熊本〜別府 → 熊本〜別府
2004年〜現在

九州新幹線と連絡して、人吉や大分方面を結ぶ列車として登場。当初は人吉で『いさぶろう』『しんぺい』、吉松で『はやとの風』と接続して、周遊観光のできる運行体系となっていた。

はやとの風
吉松〜鹿児島中央
2004年〜2022年

九州新幹線と接続する観光列車として、霧島方面を結んだ。天井まで広がる大きな窓が特徴で、錦江湾などの沿線観光地を眺められる。車両を『ふたつ星4047』に転用するため、廃止された。

全線開業

指宿のたまて箱
鹿児島中央〜指宿
2011年〜現在

九州新幹線と連絡する観光列車として、鹿児島県内の指宿までを結ぶ。沿線には浦島伝説があることから、それにちなんで、玉手箱と命名されているほか、鹿児島中央、指宿の各駅では乗降時に煙に見立てたミストが噴出される。

149

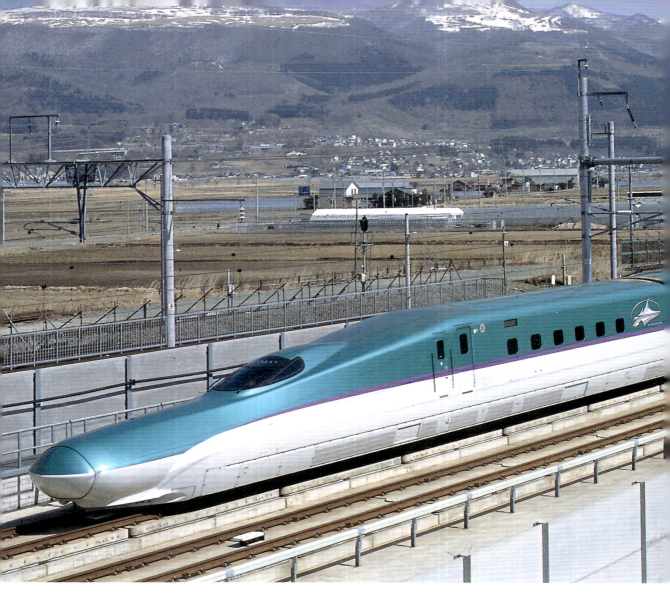

　本州と北海道の往来は、航空機が身近になるまでは長らく船によって行われていた。特に列車の場合、青森と函館に到着した列車を連絡する「青函連絡船」だ。これが1988年に青函トンネルが開通することで、鉄道での直通連絡が可能となり、利便性が大幅に増した。本州と北海道が一気に近づいたのだ。

　青函トンネル自体は、もともと新幹線を通すことを前提に設計されていたが、長らく在来線での使用となっていた。東北新幹線の青森延伸を待っていた形だ。2016年、北海道新幹線の新函館北斗開業により、ようやく本来の仕様を満たすこととなったわけだ。

　現在、札幌に向けての延伸工事中で、2031年以降に開業を予定している。

青函連絡船

H5系『はやぶさ』

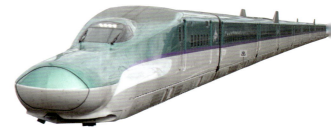

2016
青函トンネル開通より28年目についに開通
北海道に初上陸した新幹線
北海道新幹線

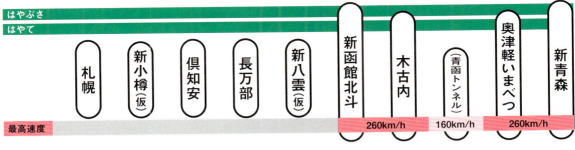

起点● 新青森
終点● 新函館北斗（後に札幌予定）
駅数● 4（後に9駅予定）
開業日● 2016年3月26日
事業者● JR北海道
営業キロ● 148.8km
最高速度● 260km/h

主な出来事

青函連絡船終航
1988年3月13日

青函連絡船の歴史は長く、開業は1908年。
80年にわたって、本州と北海道の鉄道を連絡してきたが、
青森〜函館間にかかる時間は約4時間ほど。
乗り継ぎの手間や長時間かかる船旅、
荒天時の欠航などのウィークポイントもあった。
青函トンネルの開通により、連絡船の使命を終えた。

青函トンネル開業
1988年3月13日

鉄道により、速く安全に本州と北海道を結ぶ路線として
1961年より青函トンネルが着工。1985年に貫通し、
完成したのは1987年だった。
1988年に青森〜木古内間が津軽海峡線として開業。
特急『はつかり』で青森〜函館間を約2時間で結んだ。

北海道新幹線開業
2016年3月26日

東北新幹線の新青森から新函館北斗まで、
計4駅の新幹線が開業。
そのうちの一つ、奥津軽いまべつ駅は、
JR北海道の管轄ながら本州の青森県にある駅となった。
使用車両はJR東日本のE5系をベースとした
H5系を新たに製造した。

青函トンネル260km/h
2024年4月29日

青函トンネル内は、貨物列車との共用でもあるため
最高速度は160km/hに制限されている。
しかし2024年のゴールデンウィークにて、
時間帯によって新幹線と貨物列車をわける
「時間帯区分方式」にて260km/hでの走行を行った。
次いで、8月12日〜17日にも同様に走行している。

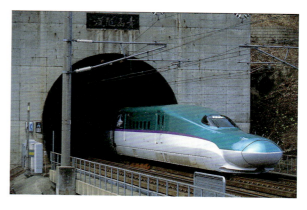

函館駅↓　　　貨物のヤード↓　　青函連絡船↓

↑特急　↑特急

青函トンネル開通前後

　本州の特急『はつかり』を北海道の『おおぞら』『北斗』に連絡、あるいは北海道の『北斗』を『ゆうづる』に連絡など、各便でさまざまな連絡が行われていた。

1980年頃 函館

函館に到着した青函連絡船第1便と連絡する特急『おおぞら』『北海』。どちらも札幌方面に向かうが、前者は東室蘭経由、後者は小樽経由だ。

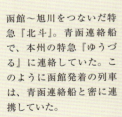

函館～旭川をつないだ特急『北斗』。青函連絡船で、本州の特急『ゆうづる』に連絡していた。このように函館発着の列車は、青函連絡船と密に連携していた。

1980年
青函トンネル

青函トンネルは、津軽海峡海底下100mを通る全長53.85kmの長大な海底鉄道トンネルだ。それだけでも困難な工事だが、新幹線を通すためにトンネル径が大きくとられている。

工事開始から22年の歳月を経て、ようやく先進導坑が開通。本坑開通はそこからさらに2年を要した。

建設の開始以来、4度の大規模出水事故に見舞われるなど、難工事を経て完成している。

完成直後、11月17日のトンネル内部。右側に見えている通路は、翌年3月に吉岡海底駅として開業する、ホームと連絡誘導路。

1987年 青函トンネル

吉岡定点は火災時などの避難誘導や消化活動を行う防災施設。駅として開業はしたが、主に見学のためだった。

スラブ軌道内に設置されたスプリンクラー。長大なトンネルのため、火災発生時に素早く対処できるよう様々な設備が準備された。

完成直後の、本州方出入り口。トンネル直上の銘鈑には「青函隧道」と刻まれている。当時の首相である中曽根康弘の筆による。

北海道方の出入り口。写真は1988年3月13日の開業直後、一番列車となった特急『はつかり』。

1988年
津軽今別

1988年3月に開業した津軽海峡線の新駅。もともとは信号場であったが地元の請願により駅として開業した。隣の竜飛海底駅は、青函トンネル内の駅で、先の吉岡海底駅と同様、定点として置かれていたもの。

後に北海道新幹線の奥津軽いまべつ駅になる周辺全景。写真は1987年11月のもの。手前にあるのは津軽線の津軽二股駅。奥の津軽今別駅はまだ開業前。

北海道新幹線
開業前後

津軽海峡線は、在来線の貨物列車との共用であるため、特殊な設備が多い。駅として整備された場所も、そうした設備の一環だったりする。

2016年
奥津軽いまべつ

北海道新幹線の本州にある唯一の駅として完成。当初奥津軽駅という仮称だったが、今別町からの要望で現在の名前となった。簡易駅舎だった在来線の頃とは別物の雰囲気。

1998年/2024年
木古内付近

現在、青函トンネル内は、新幹線と在来線が共用の三線軌条になっている。これはP128で紹介した秋田新幹線と同様のものだ。このためトンネルを出入りする前後に、新幹線と在来線の線路をつなぐように分岐器が設置されている。

写真の木古内付近はその場所。上の写真は新幹線開業前のため分岐器がないが、下の写真では新幹線開業後で分岐器がついている。ただし、冬季に雪で分岐器が詰まらないようにスノーシェッドが設置されている。

2016年/2024年
木古内付近

開業直後の2016年時点が左の写真。防音壁のない高架橋となっていたが、現在では下のように防音壁でおおわれている。また、防音壁のわきには排雪用のピットも備えられている。

2016年
新中小国信号場

こちらは本州方の在来線と新幹線の分岐場所。高架になっているのが新幹線で、スロープになっているのが在来線。高架の上で合流する。

2000年/2016年
渡島大野

函館本線上の駅だが、かつては下りの特急が通らない仁山側の線路上にあった駅だ。北海道新幹線の開業に伴い、新幹線の駅をここに設置することとなった。上の写真は2000年の渡島大野駅、左の写真は北海道新幹線開業直前の渡島大野駅のホーム。翌日には新函館北斗駅として開業するため、当日までの渡島大野の表示はテープで上から貼られている。

2016年
新函館北斗

旧渡島大野駅が新函館北斗駅として開業。特徴は新幹線の上りホームで、在来線の一部ホームから平面移動で改札を通り新幹線に乗車できるようになっている。下り方は平面移動できず、一度コンコースに上がってホームを乗り換えないといけない。

2021年/2024年
新函館北斗付近

新函館北斗駅より少し北に行ったところに渡島トンネルが工事中。2021年のもの。

2024年現在、新函館北斗駅から少し離れた場所から渡島トンネルまで路盤の工事が進んでいる。

159

2022年 倶知安

札幌延伸に向けて工事の進む倶知安駅。車庫とホームが移設されている。

2019年 長万部

北海道新幹線用のホームを建設するべく、用地の移動が始まっている。在来線の駅の向かって右側に新幹線駅が建設される予定だ。

2022年 札幌

札幌駅の予定地。実際には写真に入っていない足元のほうまでが予定地となっている。また写真の上部には車両基地も建設される予定だ。

車両の変遷

北海道新幹線用に専用に用意された車両はなく、東北新幹線で最高速度を誇るE5系をベースに、エクステリア/インテリアをカスタマイズしたH5系が製造された。ただし北海道新幹線内限定というわけではなく、E5系と共通運用となっており、東北新幹線と北海道新幹線の全エリアで走行している。

H5系がデビューした2016年時点では、全席にコンセントがついているのが特徴だったが、現在はE5系でも同様の車両が登場している。

2016年　260km/h

H5系

H5系では、E5系と異なりサイドのラインが「彩香パープル」と呼ばれる紫色になっている。これはライラック、ルピナス、ラベンダーをイメージしたもの。またロゴマークが北海道とはやぶさをモチーフにしたものに変更されている。

2016年　260km/h

E5系

東北新幹線のE5系も北海道新幹線へ乗り入れており、E5/H5系は共通運用となっている。北海道新幹線の区間では、現在最高速度が260km/hに抑えられている。

新幹線開業で消えた列車、生まれた列車

　北海道新幹線の施設ということで、青函トンネルの開業時点からの大まかな変遷を追った。実際には東北新幹線の八戸開業、新青森開業の段階でも列車の運用が変わっているのだが、ここでは大きな変化を見せた2つの地点での列車の変遷とした。トンネル開業による直通列車の誕生、在来線の旅客営業を停止したが故の直通列車の終了が大きな転換点だ。

青函トンネル開業時

消

青函連絡船
青森〜函館
1908年〜1988年

本州と北海道の列車を連絡していた客貨船・貨物船。かつては50隻以上の船が所属していたが、終了間際の1988年には客貨船7隻、貨物船1隻となっていた。これは航空機が一般に身近になったという背景がある。
1954年の台風15号（洞爺丸台風）による沈没事故を契機に、青函トンネルに輸送を変わることとなった。

新

特急はつかり
上野〜函館
1958年〜2002年

従来、上野〜青森間を結び青函連絡船に連絡していた特急『はつかり』だが、1988年に青函トンネルを超えて函館に直通する列車が登場。2002年の東北新幹線八戸開業のタイミングで、青函トンネルを通る列車は『白鳥』『スーパー白鳥』に統合され、引退となった。

快速海峡
青森〜函館
1988年〜2002年

青函連絡船に代わって青森〜函館間を走行することとなった快速列車。客車での運航のほか、ドラえもんとタイアップした『ドラえもん海底列車』なども運行された。2002年の東北新幹線八戸開業のタイミングで引退となった。

北海道新幹線開業時

消 急行はまなす
青森～札幌
1988年～2016年

青函トンネルの開業で登場し、北海道新幹線の開業で引退となった列車。青函連絡船の深夜連絡便を引き継ぐ形で、1988年に夜行急行として登場。青森～札幌間を約7時間で結んだ。2016年の北海道新幹線の開業により引退。

特急白鳥
八戸～函館　→　新青森～函館
2002年～2016年

東北新幹線の八戸延伸を受け、新幹線と連絡して八戸～函館間を走行する列車として登場。2010年の新青森延伸で、新青森～函館間に変更。北海道新幹線の開業で引退となった。

特急スーパー白鳥
八戸～函館　→　新青森～函館
2002年～2016年

485系車両を使った『白鳥』に対し、789系を使った列車が『スーパー白鳥』で、車両性能や停車駅差により『白鳥』よりも到達時間が短かった。登場から引退の流れは『白鳥』と同じ。

変 特急スーパー北斗／北斗
函館～札幌
1965年～現在

函館～札幌間を結んでいた特急『スーパー北斗』『北斗』だが、北海道新幹線の開業により、上下列車とも新函館北斗経由に変更となった。2020年に全列車『北斗』へと名称を変更している。

新 はこだてライナー
新函館北斗～函館
2016年～現在

北海道新幹線の開業で誕生した新函館北斗駅。ここで新幹線と連絡して函館までを結ぶアクセス列車として登場。快速の場合、約15分で新函館北斗～函館間を結んでいる。

2022

日本最西端を走る新幹線
佐賀県内のルート及びフル規格化の行方は!?

西九州新幹線

　博多〜長崎間を結ぶ新幹線として計画された路線で、2022年に武雄温泉〜長崎間が開業。現在は博多〜武雄温泉間は特急『リレーかもめ』で走行し、武雄温泉で新幹線に対面乗り換え、以降は新幹線となっている。新幹線の開業前は、特急『かもめ』で1時間50分ほどかかっていたが、西九州新幹線の登場により約30分短縮された。将来的には、新鳥栖〜武雄温泉間も新幹線にして全行程を約51分で結ぶ構想だ（博多〜新鳥栖間は九州新幹線のルートを共用）。

　一方で、佐賀県では新幹線の建設に合意していないため、現在のところ全線開業の見通しは立っていない。当初はフリーゲージトレインを使い、佐賀県内は在来線を走行する予定だったのだが、P119にある通り断念したためだ。

特急『かもめ』

N700S『かもめ』

起点 ● 武雄温泉
終点 ● 長崎
駅数 ● 5
開業日 ● 2022年9月23日
事業者 ● JR九州
営業キロ ● 69.6km
最高速度 ● 260km/h

主な出来事

フリーゲージトレイン
2014年4月20日

西九州新幹線は、福岡市〜武雄市間は在来線を使い、武雄市〜長崎市間は新幹線規格の路線を建設、そこにスーパー特急を走らせるということで3県の合意が取れていた（1992年）。
その後、2011年にフリーゲージトレインを走らせることになり、3次車の開発が行われ、2014年4月から試験走行がスタート。
だが、車軸の摩耗問題が解決せず、2017年に西九州新幹線への導入を断念した。

N700Sかもめ発表
2020年10月28日

西九州新幹線は武雄温泉〜長崎を開業し、博多〜武雄温泉間は特急によるリレー形式となることが決定。
西九州新幹線用の車両として、JR東海が開発したN700Sを独自仕様に変更した6両編成を導入することを発表。

武雄温泉〜長崎開業
2022年9月23日

新たに開業する新幹線駅は5駅。
長崎駅はホームの位置などを変更、諫早も駅舎を新たにした。
また新しく嬉野温泉駅、新大村駅も誕生。
各駅にてそれぞれ出発式が行われた。

2022年 武雄温泉

北口にある在来線側の駅舎は特に変わっていないが、新幹線側となる南口は改装され、シックな様相となった。

駅の開業前後

観光地である長崎へのアクセス性を高める新幹線という側面があるようで、長崎や諫早といった拠点となるような駅は大きく変貌を遂げている。また、新たに設けられた駅も観光地の掘り起こしを狙ったような立地だ。

新幹線『かもめ』と特急『リレーかもめ』をスムーズに乗り継げるよう同一ホームでの対面乗り換えとなっている。他の在来線のホームからは特急券がないと立ち入れないようになっている。

武雄温泉駅から博多方に少し進んだところに、新幹線の高架橋の切れ目がある（向かって右隣りは在来線の高架橋）。西九州新幹線は 2024 年現在この位置までとなっている

2024年 新鳥栖

新鳥栖駅以西のフル規格新幹線は作られていないが、駅の西側には新幹線高架橋の出っ張りがある。これは西九州新幹線との接続用に準備されているものだ

2004年 長崎

新幹線開業以前の長崎駅。写真のドームの下に改札があり、すぐに在来線ホームに入れるようになっていた。

2022年 長崎

新幹線を敷くために、駅全体を西側に移動。もともとあった長崎車両センターの位置に新たにホームを建設。従来、駅のあった場所は駅前広場となっている。

2024年 長崎

ドーム屋根が元の場所に戻り、かつて駅舎のあった場所には新たにビルが建った（写真左のアミュプラザは以前と変わらない）。現在はこの位置からは駅を直接見られなくなった。また、上の写真を撮影していた陸橋はなくなり、現在工事中となっている。

2019年
長崎

新幹線を建設中の長崎駅。長崎車両センターがあった位置に高架が建てられている。後にこの高架橋は、奥に見える新長崎トンネル（西九州新幹線で最長）まで伸びていく。この段階では在来線の位置は変わっていないが、この後、まるっと移動することとなる。

2022年
長崎

新幹線開業直前の駅。新幹線は東側となり、在来線は新幹線の西側に配置された。左の写真は西九州新幹線の車止め。すべての新幹線の西端がこことなる。

2019年
嬉野温泉

駅建設中の様子。奥のトンネルから手前に向かってスラブの高架橋が伸びてきている。駅舎などはまだ建設中で、広場を工事中の様子や、工事用のスロープがかかっているのがわかる。

2024年
嬉野温泉

開業後。工事していた場所に黒い屋根のホーム＆駅舎ができているのがわかる。周辺の建物などは大きく変化はしていないようだ。

2020年／2022年
嬉野温泉〜新大村間

左は建築中の橋梁の様子。奥に見えている橋は広域農道。路線は撮影地足元から再びトンネルに入るが、大村湾が近づくJR松原駅近くで再び地上に姿を現す。

2014年/2022年 諫早

JRと島原鉄道の接続点でもある諫早。趣のある駅舎が建っていたが、すべて新たに立て替えられビルへと変わった。駅前にあったいくつかの建造物も整理され、大きな駅前広場ができている。長崎駅に次いで大きく変わった駅だ。

2022年/2024年 肥前大浦

西九州新幹線の駅ではないが、西九州新幹線が出来ることで変更が生じた路線だ。新幹線との並行在来線区間である肥前山口（分離後は江北に名称変更）〜諫早間は経営分離ではなく上下分離となり、路線は佐賀県と長崎県が持ち、列車の運行はJR九州が行うというものだ。
その結果、もともとは電化路線だったところの大部分が非電化となり、電車ではなく気動車が走る路線に変更となった。
上の写真は開業直前のもので、架線があり電車が通っているが、現在は架線が撤去されている。

車両の変遷

西九州新幹線はできたばかりの路線のため、現在までに導入されている車両はN700Sのみだ。

こちらはJR東海が開発したN700Sをベースに6両編成化され、西九州仕様にカスタマイズが行われたもので、赤をベースにロゴを各所に配置した独自のラッピングが外観的な特徴となっている。また車内も変更されており、指定席の座席は九州新幹線の800系と似た木材＋織物を多用したシートになっているほか、自由席車両のシートも東海道・山陽新幹線とは色違いのものとなっている。

2022年　260km/h

N700S Y編成

『N700S』のロゴはなくなり、代わりに『かもめ』のロゴが入る。これらはJR九州の車両デザインを多く手掛ける水戸岡鋭治氏によるデザインだ。

新幹線開業で消えた列車、生まれた列車

博多〜長崎間は、1976年より主に特急『かもめ』が結んでいたが、西九州新幹線の開業によりこれが変わることとなった。

また、先の肥前大浦の項でも示した通り、長崎本線の一部が上下分離となり非電化になったことで、走行する列車にも変化が生じている。それによって新たな観光列車も誕生することとなった。

消

特急かもめ
博多〜長崎
1976年〜2022年

西九州新幹線の開業以前は、黒い車体が特徴の787系と、白いかもめと呼ばれる885系で運用されていたが、長崎までの特急は終了し、『リレーかもめ』に変更されることとなった。

新

リレーかもめ
博多～武雄温泉
2022年～現在

西九州新幹線と連絡して拠点間をつなぐ列車として登場。使用車両は固定ではなく、特急『かもめ』と同様、885系や787系のほか、特急『みどり』などでも運用される783系も投入されている。

かささぎ
博多～佐賀・肥前鹿島
2022年～現在

特急『かもめ』はなくなったが、江北から先の長崎本線・肥前鹿島までの需要をすくい上げるべく新設された特急。こちらも『リレーかもめ』同様、3種の車両で運用されている。

ふたつ星4047
武雄温泉～長崎
2022年～現在

西九州新幹線に合わせて登場した観光列車で、金土日月祝を中心に運行。有明海沿いに長崎本線を通る「有明海コース」と、大村湾沿いに早岐や有田を通る「大村湾コース」の2つが設定されている。またN700S『かもめ』同様、水戸岡氏によってデザインがされた列車となっている。

173

並行在来線各社

　在来線を高速に代替する路線として敷設されることの多い新幹線。そのため在来線と並走する区間が少なからず存在する。特に拠点となる都市部ではそれが顕著だ。当然、新幹線に乗客が集中し在来線は閑散としてくるケースが出てくる。つまり在来線の不採算化が始まる。

　国鉄の頃はそれでもよかったが、民間会社となったJRには経営を揺るがす問題となってしまう。そこで、「整備新幹線の開業時に並行在来線を経営分離する」という法整備がされた。

　一方で在来線は地域の足でもある。そこでこうして分離された路線は、県がメインで出資する第3セクターの鉄道会社によって運営されていくという構造が出来上がった。

1997年＋2015年 しなの鉄道

　1997年の北陸新幹線の開業に伴い、信越本線の軽井沢～篠ノ井間をJR東日本が経営分離。長野県などが出資する、しなの鉄道が設立され、しなの鉄道線が開業した。

　2015年、北陸新幹線の金沢開業に伴い、信越本線の長野～直江津間をJR東日本が経営分離。長野～妙高高原間を北しなの線としてしなの鉄道が引き継いだ。

2002年 IGRいわて銀河鉄道

　2002年の東北新幹線の八戸開業に伴い、東北本線の盛岡～八戸間をJR東日本が経営分離。岩手県などが出資する、IGRいわて銀河鉄道が設立され、盛岡～目時間を引き継いでいわて銀河鉄道線が開業した。

2002年＋2010年 青い森鉄道

　2002年の東北新幹線の八戸開業に伴い、東北本線の盛岡～八戸間をJR東日本が経営分離。青森県などが出資する、青い森鉄道が設立され、目時～八戸間を引き継いで青い森鉄道線線が開業した。

　2010年、東北新幹線の新青森開業に伴い、東北本線の八戸～青森間をJR東日本が経営分離。八戸～青森間を青い森鉄道線に引き継いた。

2004年 肥薩おれんじ鉄道

　2004年の九州新幹線の先行開業に伴い、鹿児島本線の八代～川内間をJR九州が経営分離。熊本県や鹿児島県などが出資する、肥薩おれんじ鉄道が設立され、肥薩おれんじ鉄道線が開業した。

2015年
えちごトキめき鉄道

　2015年、北陸新幹線の金沢開業に伴い、信越本線の長野〜直江津間をJR東日本が経営分離。新潟県などが出資する、えちごトキめき鉄道が設立され、妙高高原〜直江津間を妙高はねうまラインとして開業。同じく北陸本線の金沢〜直江津間をJR西日本が経営分離。市振〜直江津間を日本海ひすいラインとして開業した。

2015年
あいの風とやま鉄道

　2015年、北陸新幹線の金沢開業に伴い、北陸本線の金沢〜直江津間をJR西日本が経営分離。富山県などが出資する、あいの風とやま鉄道が設立され、倶利伽羅〜市振間をあいの風とやま鉄道線として開業した。

2015年
IRいしかわ鉄道

　2015年、北陸新幹線の金沢開業に伴い、北陸本線の金沢〜直江津間をJR西日本が経営分離。石川県などが出資する、IRいしかわ鉄道が設立され、金沢〜倶利伽羅間をIRいしかわ鉄道線として開業した。
　2023年、北陸新幹線の敦賀開業に伴い、北陸本線の敦賀〜金沢間をJR西日本が経営分離。大聖寺〜金沢間をIRいしかわ線に引き継いだ。

2016年
道南いさりび鉄道

　2016年の北海道新幹線の開業に伴い、江差線の五稜郭〜木古内間をJR北海道が経営分離。北海道などが出資する道南いさりび鉄道が設立され、道南いさりび鉄道が開業した。

2023年
ハピラインふくい

　2023年の北陸新幹線の敦賀開業に伴い、北陸本線の敦賀〜金沢間をJR西日本が経営分離。福井県などが出資するハピラインふくいが設立され、敦賀〜大聖寺間を引き継いでハピラインふくい線が開業した。

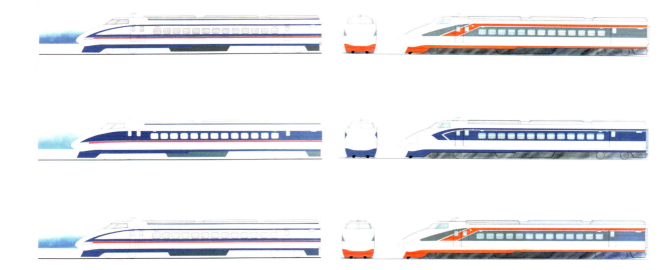

広がる高速鉄道
新幹線60年の変遷

2024年 9月25日 初版第1刷発行
2024年11月25日 初版第2刷発行

著	レイルウエイズグラフィック	アートディレクション	アダチヒロミ（アダチ・デザイン研究室）
発行者	津田淳子	デザイン	小宮山裕
発行所	株式会社グラフィック社 〒102-0073 東京都千代田区九段北1-14-17 tel. 03-3263-4318（代表） 　　 03-3263-4579（編集） fax. 03-3263-5297 https://www.graphicsha.co.jp/	編集	坂本章
		執筆	富田松雄
		写真協力	牛島完 宇都宮照信 河野真俊 竹島紀元 松本正敏 宮地元 横内智隆 日本国有鉄道広報部
印刷・製本	TOPPANクロレ株式会社		

参考文献

R&m（日本鉄道車両機械技術協会）
建設の機械化（建設機械化協議会事務局）
交通技術（交通協力会）
国鉄線（交通協力会）
国有鉄道（交通協力会）
山陽新幹線工事誌（日本国有鉄道）
　新大阪・岡山間、岡山・大門間、大門・小瀬川間、小瀬川・博多間、岡山・博多間
山陽新幹線 開業準備誌（日本鉄道施設協会）
　岡山～博多間
山陽新幹線 技術のすべて（鉄道界評論社）
　新大阪-岡山間、岡山-博多間
JR時刻表（交通新聞社）
時刻表（交通公社）
上越新幹線開業準備誌（新潟鉄道管理局編）
上越新幹線 技術のすべて（鉄道界図書出版）
　大宮―新潟間
上越新幹線工事誌（日本鉄道建設公団新潟新幹線建設局）
　大宮・新潟間
新幹線がなかったら（東京新聞出版局）
新幹線50年史（交通協力会）
新幹線の30年その成長の軌跡（東海旅客鉄道）
鉄道ファン（交友社）
鉄道技術発達史（日本国有鉄道）
鉄道技術研究資料（日本国有鉄道鉄道技術研究所）
東海道新幹線工事誌（東京第二工事局）
　一般編、土木編、静岡幹線工事局編、名古屋幹線工事局編、大阪幹線工事局編
東北新幹線開業準備誌（仙台鉄道管理局編）
東北新幹線 技術のすべて（鉄道界評論社）
　大宮・盛岡間、東京・上野間
東北新幹線工事誌（日本国有鉄道）
　東京・上野間、上野・大宮間、雀宮・黒川間、黒川・有壁間、有壁・盛岡間、盛岡・八戸間、八戸・新青森間
東北新幹線総合試験線（日本国有鉄道東京第三工事局）
　工事誌、電気工事誌
土木施工（オフィス・スペース）
成田高速鉄道線のあゆみ（成田高速鉄道）

定価はカバーに表示してあります。乱丁・落丁本は、小社業務部宛にお送りください。小社送料負担にてお取り替え致します。著作権法上、本書掲載の写真・図・文の無断転載・借用・複製は禁じられています。本書のコピー、スキャン、デジタル化等の無断複製は著作権法上の例外を除き禁じられています。本書を代行業者等の第三者に依頼してスキャンやデジタル化することは、たとえ個人や家庭内での利用であっても著作権法上認められておりません。

© Railways Graphic　ISBN978-4-7661-3941-9　C0065
Printed in Japan